Dänemark Wissensquiz

100 Quizfragen über Dänemark

Rätsel- und Ratespiel

GRÜBEL GOLD

Kontaktadresse nach EU-Produktsicherheitsverordnung:
info@bookmundo.com

Bookmundo
Delftsestraat 33
3013AE Rotterdam

Gedruckt in Deutschland - FSC-zertifiziertes Papier aus nachhaltig bewirtschafteten Wäldern. **Der Umwelt zuliebe.**

Willkommen bei deinem Dänemark-Wissensquiz!

Wie funktioniert dieses Quiz?

Dein Quizbuch ist ganz einfach strukturiert: Vorne findest du alle Fragen nacheinander. Jede Frage bietet dir vier mögliche Antworten zur Auswahl. Im hinteren Teil des Buches warten dann alle Lösungen auf dich, komplett mit spannenden Hintergrundinfos.

Spielanleitung für Solo-Rätsler:

1. **FRAGE LESEN** – Such dir eine beliebige Frage aus dem vorderen Teil
2. **NACHDENKEN** – Wäge die vier Optionen ab und triff deine Wahl
3. **NOTIEREN** – Markiere deine Antwort (oder merk sie dir)
4. **NACHSCHLAGEN** – Blättere zum Lösungsteil hinten im Buch nach Frage 100.
5. **LERNEN** – Lies die Erklärung – hier erfährst du das "Warum"

Als geselliges Ratespiel für mehrere Personen:

Eine Person übernimmt die Rolle des Quizmeisters und hat das Buch in der Hand.

Der Ablauf:

- Quizmeister stellt eine Frage und nennt die vier Möglichkeiten
- Alle Mitspieler schreiben ihre Antwort heimlich auf einen Zettel
- Auf Kommando decken alle ihre Tipps gleichzeitig auf
- Bei unterschiedlichen Meinungen darf kurz debattiert werden
- Der Quizmeister verrät die korrekte Lösung aus dem Lösungsteil
- Gemeinsam die Hintergrundinfo dazu anhören
- Nächste Frage!

Punktevergabe (falls gewünscht):

- Richtige Antwort beim ersten Versuch = 3 Punkte
- Richtige Antwort nach Gruppendiskussion = 1 Punkt
- Falsche Antwort = 0 Punkte

Team-Modus: Bildet zwei oder mehr Mannschaften. Jedes Team bespricht sich intern und gibt eine gemeinsame Antwort ab. Das Team mit den meisten Punkten am Ende triumphiert!

Auf geht's – 100 spannende Fragen erwarten dich!

1.) Welcher Grundsatz gilt für die alphabetische Einordnung der dänischen Buchstaben Å, Æ und Ø?

☐ A: Nach Z stehen zunächst Å und danach Æ und Ø; diese Reihenfolge entspricht der schwedischen Anordnung.

☐ B: Beim alphabetischen Ordnen werden Æ und Ø bei A und O einsortiert; Å folgt unmittelbar auf A.

☐ C: Sie folgen als eigenständige Buchstaben auf Z, und zwar in der Reihenfolge Æ, Ø, Å.

☐ D: Für Verzeichnisse gelten Æ und Ø als Buchstabenverbindungen AE und OE, während Å wie AA behandelt wird.

2.) Welche Veränderung löste die Sturmflut von 1825 am westlichen Ende des Limfjords aus?

☐ A: Die Wassermassen verlagerten den Hauptabfluss zur Ostküste; der westliche Meereszugang wurde anschließend durch eine Schleuse ersetzt.

☐ B: Bei der Flut lagerte sich eine Sandbarriere vor die Mündung, sodass der westliche Limfjord zu einem Binnensee wurde.

☐ C: Eine Sturmrinne trennte die Insel Mors vom Festland und ließ dadurch erstmals den mittleren Abschnitt des Limfjords entstehen.

☐ D: Das Meer durchbrach die Landzunge Agger Tange und schuf wieder eine offene Verbindung zwischen Limfjord und Nordsee.

3.) Welches Handwerk hatte LEGO-Gründer Ole Kirk Christiansen erlernt, bevor er in Billund Spielzeug herstellte?

☐ A: Seine Ausbildung erhielt er als Spielzeugdrechsler, der Figuren und Kreisel für Händler anfertigte, bevor er ein eigenes Sortiment entwickelte.

☐ B: Er hatte das Tischler- und Zimmererhandwerk erlernt und betrieb eine Werkstatt für Möbel, Bauteile und andere Holzarbeiten.

☐ C: Als gelernter Stellmacher baute er Wagenräder und Fahrgestelle; aus diesem Spezialgebiet entwickelte sich später seine eigene Spielzeugproduktion.

☐ D: Er war ausgebildeter Werkzeugmacher und fertigte zunächst Metallformen, mit denen kleinere Betriebe Gebrauchsgegenstände in Serie herstellen konnten.

4.) Welchen technischen Meilenstein markierte der dänische Windpark Vindeby bei seiner Inbetriebnahme 1991?

☐ A: Er war der erste Windpark auf dem Meer, dessen fest gegründete Anlagen gemeinsam Strom ins öffentliche Netz einspeisten.

☐ B: Dort wurde erstmals ein Windpark über eine Gleichstromleitung ans Festland angeschlossen, um die Verluste langer Seekabel zu senken.

☐ C: Die Turbinen waren erstmals als getriebelose Großanlagen gebaut, bei denen Rotor und Generator ohne zwischengeschaltetes Getriebe liefen.

☐ D: Seine Anlagen bildeten den ersten schwimmenden Windpark, dessen Turbinen auf verankerten Plattformen in tiefem Wasser arbeiteten.

5.) Wie entstand die frühe „Grüne Welle" für Radfahrende auf der Kopenhagener Nørrebrogade?

☐ A: Mit Funkchips ausgestattete Fahrräder meldeten sich vor jeder Kreuzung an; die dortige Ampel verlängerte daraufhin gezielt ihre laufende Grünphase.

☐ B: Vorhandene Ampeln wurden zeitlich aufeinander abgestimmt, sodass Radfahrende bei passendem Tempo mehrere Kreuzungen nacheinander während der Grünphase erreichen konnten.

☐ C: Entlang des Radwegs zeigten nacheinander aufleuchtende Pfosten das nötige Tempo an, mit dem die nächste Kreuzung bei Grün erreichbar war.

☐ D: Ein Regenmesser aktivierte zusammen mit Fahrradsensoren ein besonderes Signalprogramm, das Radfahrenden bei Niederschlag eine doppelt so lange Grünphase gewährte.

6.) Was meinte N. F. S. Grundtvig mit dem „lebendigen Wort“ als Grundlage seiner Bildungsidee?

☐ A: Das Prinzip bezeichnete einen Unterricht in wechselnden Werkstätten, dessen Inhalte unmittelbar aus den jeweiligen handwerklichen Produktionsaufgaben hervorgingen.

☐ B: Gemeint war persönliche Begegnung durch Erzählen, Gespräch und gemeinsames Lernen, bei der Bildung aus dem Austausch zwischen Menschen entsteht.

☐ C: Im Zentrum stand das selbstständige Lesen literarischer Werke; Lehrende sollten die gemeinsame Auslegung zugunsten individueller Lektüre zurücknehmen.

☐ D: Er verstand darunter das Einüben fester Vortragstexte, deren sprachliche Genauigkeit in regelmäßigen öffentlichen Prüfungen nachgewiesen werden sollte.

7.) Welche der folgenden Personen aus dem Kreis der Skagen-Maler wurde in Skagen geboren?

☐ A: Anna Ancher kam dort zur Welt und wuchs in dem Fischerdorf auf, das später zahlreiche Künstler anzog.

☐ B: Der Geburtsort von Michael Ancher war Skagen; seine spätere Laufbahn führte ihn zunächst zur Ausbildung nach Kopenhagen.

☐ C: Peder Severin Krøyer kam dort zur Welt und verbrachte bereits seine ersten Lebensjahre im damaligen Fischerdorf.

☐ D: Holger Drachmann stammte von Geburt aus Skagen und kehrte später als Schriftsteller und Maler in seine Heimatstadt zurück.

8.) Welche Rolle spielt eine ganze Mandel beim traditionellen dänischen Weihnachtsdessert Risalamande?

☐ A: Wer die Mandel entdeckt, darf sich ein Weihnachtslied wünschen, das die Tischgesellschaft nach dem Essen gemeinsam singt.

☐ B: Sie wird auf die erste Portion gelegt und kennzeichnet damit den Platz für das jüngste Mitglied der Tischgesellschaft.

☐ C: Wer die zwischen gehackten Mandeln versteckte ganze Mandel in seiner Portion findet, bekommt ein zusätzliches kleines Geschenk.

☐ D: Vor dem Servieren bestimmt man mit ihr, wer die Kirschsoße verteilt und anschließend die erste Portion erhält.

9.) Welches Material prägt die ungewöhnlich mächtigen Dächer historischer Bauernhäuser auf der dänischen Insel Læsø?

☐ A: Übereinandergelegte Holzschindeln bilden die Deckung; eine Mischung aus Lehm und Muschelkalk schützt dabei die Fugen gegen eindringenden Regen.

☐ B: Dafür verwendete man lange Schilfhalme aus den Inselmarschen, die in eng gebundenen Bündeln auf dem Dach befestigt wurden.

☐ C: Die Dächer bestehen aus aufgeschichteten Torfsoden, deren Wurzelwerk eine zusammenhängende Decke über einer Unterlage aus Birkenrinde bildet.

☐ D: Angeschwemmtes Seegras wurde gesammelt und zu einer dicken Dachdeckung verarbeitet, deren Schichten weit über die Hauswände reichen können.

10.) Welche Besonderheit zeichnet Mandøs Festlandverbindung Låningsvejen aus?

☐ A: Autos gelangen mit einem Zug über einen Bahndamm auf die Insel; das Be- und Entladen erfolgt an den beiden Endstationen.

☐ B: Ein aufgeschütteter Straßendamm führt deutlich über das gewöhnliche Hochwasser hinaus und ermöglicht die Anfahrt unabhängig vom täglichen Gezeitenwechsel.

☐ C: Die niedrig liegende Straße wird bei Flut überspült, weshalb die Überfahrt vom Wasserstand und den Gezeiten abhängt.

☐ D: Eine Autofähre überquert die Fahrrinne zwischen Insel und Festland; ihre Abfahrten bestimmen den Rhythmus der Anreise mit dem Wagen.

11.) Was steht auf dem Tisch, wenn in Dänemark „rødgrød med fløde“ serviert wird?

☐ A: Das Gericht besteht aus einer kalten Buttermilchcreme mit Vanille, in die kurz vor dem Essen kleine Kekse gegeben werden.

☐ B: Serviert wird eine angedickte Süßspeise aus roten Früchten, etwa Johannisbeeren und Himbeeren, mit Sahne als Begleitung.

☐ C: Ein gekühlter Milchreis wird mit einer Schicht roter Beerenmarmelade überzogen und anschließend mit flüssiger Sahne serviert.

☐ D: Man erhält einen Auflauf aus Roggenbrotkrümeln und eingekochten Äpfeln, dessen Oberfläche mit geschlagener Sahne bedeckt ist.

12.) Für welchen Einsatzbereich entwickelte Arne Jacobsen den 1952 vorgestellten „Ameisenstuhl" ursprünglich?

☐ A: Er entstand für die Kantine des Unternehmens Novo, in der leichte und stapelbare Stühle benötigt wurden.

☐ B: Die Bestuhlung eines Konzertsaals gab den Anlass; dort sollte das Personal den Zuschauerraum zwischen Veranstaltungen rasch leeren können.

☐ C: Eine Krankenhausverwaltung bestellte ihn als Besucherstuhl für Wartebereiche, damit sich größere Sitzgruppen platzsparend aufstellen ließen.

☐ D: Der Entwurf war für Unterrichtsräume einer Kopenhagener Schule bestimmt, die bewegliche Sitzmöbel für wechselnde Klassenbelegungen benötigte.

13.) Wie entschied Dänemark das Fußball-EM-Finale von 1992 für sich?

☐ A: John Jensen traf vor der Pause, Kim Vilfort nach dem Seitenwechsel; damit stand am Ende ein dänischer 2:0-Sieg.

☐ B: Kim Vilfort glich einen frühen Rückstand aus, bevor Lars Elstrup kurz vor dem Abpfiff den Siegtreffer zum 2:1 erzielte.

☐ C: Nach einer torlosen ersten Halbzeit erzielte Brian Laudrup beide Treffer, die Dänemark einen Sieg mit zwei Toren Vorsprung einbrachten.

☐ D: Ein Strafstoß von Henrik Larsen sorgte für die Führung; später erhöhte Flemming Povlsen mit einem Kopfball auf 2:0.

14.) Welche Funktion erfüllen die unterschiedlichen Verfassernamen in zahlreichen Schriften Søren Kierkegaards?

☐ A: Die Namen gehören zu literarischen Stimmen mit eigenen Perspektiven; ihre Aussagen lassen sich deshalb nicht einfach Kierkegaard selbst zuschreiben.

☐ B: Hinter den Namen verbargen sich befreundete Mitautoren, deren Beiträge Kierkegaard sammelte und zu gemeinsam veröffentlichten Büchern zusammenfügte.

☐ C: Damit unterschied Kierkegaard seine frühen und späten Fassungen, wobei jeder Name eine bestimmte Überarbeitung desselben philosophischen Systems bezeichnet.

☐ D: Sie kennzeichnen Übersetzungen aus fremden Sprachen, deren ursprüngliche Autoren Kierkegaard unter eingedeutschten oder latinisierten Namen vorstellte.

15.) Welche Beschreibung trifft auf den dänischen Käse Danablu zu?

☐ A: Er ist ein schnittfester Schafskäse, dessen kleine Löcher durch Gasbildung während einer mehrmonatigen Reifung entstehen.

☐ B: Der Käse wird aus Ziegenmilch hergestellt und erhält durch regelmäßiges Waschen eine weiche Rinde mit rötlicher Oberfläche.

☐ C: Seine Grundlage ist Kuhmilch; eine weiße Schimmelschicht auf der Oberfläche sorgt für die Reifung von außen nach innen.

☐ D: Es handelt sich um einen Blauschimmelkäse aus Kuhmilch, dessen Inneres während der Reifung von blauen Adern durchzogen wird.

16.) Für welche Art von Automatisierung wurde das 2005 in Odense gegründete Unternehmen Universal Robots bekannt?

☐ A: Seine Spezialität wurden stationäre Schweißroboter, die hinter festen Schutzzäunen große Serien identischer Metallbaugruppen mit gleichbleibenden Bewegungsabläufen bearbeiteten.

☐ B: Bekannt wurde es durch kompakte Roboterarme, die sich flexibel programmieren und für die Zusammenarbeit mit Menschen einsetzen lassen.

☐ C: Das Unternehmen konzentrierte sich auf große Portalsysteme, deren geradlinig bewegte Achsen schwere Werkstücke zwischen mehreren Maschinen umsetzen.

☐ D: Es entwickelte selbstfahrende Transportwagen, die Material zwischen Arbeitsplätzen befördern und sich anhand ihrer Umgebung in Fabrikhallen orientieren.

17.) Wie sind die Hauptteile der festen Öresundverbindung von der dänischen zur schwedischen Seite angeordnet?

☐ A: Straße und Bahn nutzen zunächst getrennte Brücken, werden auf Peberholm zusammengeführt und setzen ihren Weg durch einen gemeinsamen Tunnel fort.

☐ B: Zwischen zwei Brückenabschnitten liegt ein Tunnel unter der Hauptfahrrinne; die Übergänge befinden sich auf zwei künstlich angelegten Inseln.

☐ C: Von Amager führt ein Tunnel zur künstlichen Insel Peberholm; anschließend verläuft die Strecke auf einer Brücke nach Schweden.

☐ D: Die Verbindung beginnt mit einer Brücke nach Saltholm, verläuft dort ebenerdig und erreicht Schweden anschließend durch einen Tunnel.

18.) Welche Beschreibung passt zum Broholmer, einer traditionellen dänischen Hunderasse?

☐ A: Typisch sind sein schlanker Körper, lange befederte Ohren und ein seidig gewelltes Haarkleid, wie es bei Apportierhunden verbreitet ist.

☐ B: Er ist ein großer, kräftig gebauter Hund vom Mastifftyp mit kurzem Fell, der unter anderem als Wachhund diente.

☐ C: Die Rasse gehört zu den nordischen Spitzen und besitzt ein dichtes Langhaarfell sowie eine eng über dem Rücken gerollte Rute.

☐ D: Er ist ein kleiner, beweglicher Hofhund mit überwiegend weißem Fell, der ursprünglich besonders zur Rattenbekämpfung gehalten wurde.

19.) Nach welchem Material sucht man bei einer „ravjagt“ an den Stränden der dänischen Insel Fanø?

☐ A: Sie suchen Feuerstein, der aus kieselsäurehaltigen Resten von Meeresorganismen entstand und an frischen Bruchflächen einen glasigen Glanz zeigt.

☐ B: Im Mittelpunkt stehen fossile Seeigel, deren kalkige Gehäuse im Küstensediment überdauerten und später durch die Brandung freigelegt wurden.

☐ C: Dabei sammelt man Quarzgerölle, deren durchscheinende Kristallmasse durch Abnutzung und Sandreibung im Meer allmählich eine runde Form annahm.

☐ D: Gesucht wird Bernstein, also altes Baumharz, das sich über Millionen Jahre veränderte und heute vom Meer angeschwemmt wird.

20.) Worin unterscheidet sich das Eis der von Sermeq Kujalleq gelieferten Eisberge grundsätzlich vom jahreszeitlichen Meereis?

☐ A: Sein Ausgangsmaterial ist Schnee, der auf dem Inlandeis verdichtet wurde und mit dem Gletscher bis zur Abbruchkante gelangt.

☐ B: Es entsteht aus gefrierendem Meerwasser, dessen gelöste Salze während mehrjähriger Verdichtung weitgehend aus dem Eis herausgedrückt werden.

☐ C: Grundlage ist Schmelzwasser aus Gletscherseen, das im Fjord gefriert und anschließend durch die Strömung in große Stücke zerbricht.

☐ D: Es besteht überwiegend aus Packeis, das von der Diskobucht in den Fjord gelangt und dort durch Druck zusammengeschoben wird.

21.) In welchem Werkzusammenhang formulierte Aksel Sandemose 1933 das als „Janteloven“ bekannte Regelwerk?

☐ A: Er schrieb die Regeln als Bühnenprolog zu einer Komödie, deren Handlung sich um eine gescheiterte Künstlergemeinschaft in Kopenhagen dreht.

☐ B: Die Formulierungen entstanden in einer autobiografischen Reiseskizze, in der Sandemose Umgangsformen norwegischer Küstenorte mit dänischen Gewohnheiten verglich.

☐ C: Für einen Erziehungsratgeber entwarf er zehn Leitsätze, die Jugendlichen den Umgang mit Anerkennung und persönlichem Ehrgeiz erleichtern sollten.

☐ D: In einem Roman beschrieb er damit den Anpassungsdruck einer erfundenen Kleinstadt und machte die Regeln zum Gegenstand literarischer Kritik.

22.) Was ist die traditionelle Aufgabe einer „Smørrebrødsjomfru“ in der dänischen Gastronomie?

☐ A: Sie überwacht die Sauerteigführung und das Backen der Roggenbrote, die anschließend in Restaurantküchen mit verschiedenen Zutaten belegt werden.

☐ B: Die Bezeichnung steht für eine Fachkraft, die kunstvoll belegte Brote und ähnliche kalte Speisen zubereitet und anrichtet.

☐ C: Damit bezeichnet man eine Servicekraft, die am Tisch belegte Brote empfiehlt, Bestellungen aufnimmt und die passenden Getränke dazu serviert.

☐ D: Zu ihren Aufgaben gehört das Einlegen und Räuchern von Fisch; die fertigen Erzeugnisse werden danach an Gaststätten und Feinkostläden geliefert.

23.) Welche Vorgabe enthielt das „Keuschheitsgelübde" der dänischen Filmbewegung Dogme 95 für den Einsatz von Musik?

☐ A: Musik durfte vorkommen, wenn sie am Drehort Teil der aufgenommenen Szene war; nachträglich unterlegte Begleitmusik war nicht vorgesehen.

☐ B: Eine musikalische Begleitung war für Anfang und Schluss erlaubt, während die eigentlichen Spielszenen ohne hörbare Musik gestaltet werden sollten.

☐ C: Die Musik sollte eigens für den Film komponiert und nach dem Schnitt mit einem kleinen akustischen Ensemble eingespielt werden.

☐ D: Für die Tonspur waren bestehende Musikaufnahmen vorgesehen, deren Auswahl den Darstellern während der Vorbereitung ihrer Rollen überlassen wurde.

24.) Aus welchen dänischen Wörtern wurde der Name des 2003 eröffneten Kopenhagener Restaurants Noma gebildet?

☐ A: Der Name verkürzt „nordens mangfoldighed“, die „Vielfalt des Nordens“, und verweist damit auf das Sammeln zahlreicher wild wachsender Zutaten.

☐ B: Er kombiniert „nordisk“ mit „magi“, also „nordisch“ mit „Magie“, und spielt auf überraschende Geschmackserlebnisse aus regionalen Zutaten an.

☐ C: Er setzt sich aus „nordisk“ und „mad“ zusammen, also „nordisch“ und „Essen“, und verweist auf die kulinarische Ausrichtung.

☐ D: Dahinter stehen „nord“ und „marked“, also „Norden“ und „Markt“, als Hinweis auf die Herkunft der verwendeten Lebensmittel.

25.) Welches Fossil fand Eliza Jarl Estrup im Jahr 2000 bei Robbedale auf Bornholm?

☐ A: Es handelte sich um den versteinerten Kiefer eines pflanzenfressenden Dinosauriers, dessen erhaltene Zahnreihe eine genaue Zuordnung ermöglichte.

☐ B: Der Fund war das Bruchstück eines knöchernen Rückenpanzers, das einem kleinen vierbeinigen pflanzenfressenden Dinosaurier zugeschrieben wurde.

☐ C: Gefunden wurde ein einzelner, fein gezähnelter Raubdinosaurierzahn, der später die Grundlage einer neu beschriebenen Art bildete.

☐ D: Ein gut erhaltener Halswirbel belegte einen langhalsigen Dinosaurier, der bis dahin aus skandinavischen Ablagerungen unbekannt gewesen war.

26.) Welche Beschreibung passt zu einem klassischen dänischen Rugbrød aus der Sauerteigbäckerei?

☐ A: Ein sehr trockener Roggenteig wird dünn ausgewalzt, in rechteckige Stücke geschnitten und zu lange haltbaren, knusprigen Fladen gebacken.

☐ B: Roggen prägt den feuchten Teig, der mit einem Sauerteigansatz gesäuert wird und gewöhnlich in einer Kastenform bäckt.

☐ C: Seinen festen Biss erhält das flache Weizenbrot durch dünnes Ausrollen und anschließendes Trocknen auf heißen Backplatten.

☐ D: Ein lockerer Weizenmischteig wird mit Hefe gelockert und durch Malz dunkel gefärbt; der Laib erhält eine dünne, weiche Kruste.

27.) Womit erreichte Tycho Brahe auf Ven die hohe Genauigkeit seiner astronomischen Positionsmessungen?

☐ A: Mit langen Linsenfernrohren, deren vergrößerte Sternbilder er durch verstellbare Fadenkreuze auf einer Messskala einordnete.

☐ B: Er bestimmte die scheinbaren Positionen der Planeten überwiegend aus älteren Sterntafeln und verbesserte diese durch mathematische Ausgleichsrechnungen.

☐ C: Präzise Pendeluhren lieferten die Durchgangszeiten der Sterne, die er an einem fest ausgerichteten Fernrohr über einem Fadenkreuz erfasste.

☐ D: Große Quadranten und andere Winkelmessgeräte ermöglichten sorgfältige Beobachtungen mit bloßem Auge, ergänzt durch wiederholte Messungen.

28.) Was ist über die als „Sonnensteine“ bekannten Funde von Vasagård auf Bornholm archäologisch gesichert?

☐ A: Es handelt sich um helle Kalkspatkristalle, deren optische Eigenschaften mit der Bestimmung der Sonnenrichtung bei bedecktem Himmel in Verbindung gebracht werden.

☐ B: Die Fundgruppe besteht aus flachen Steinen mit eingeritzten Motiven, darunter strahlenartige Zeichnungen, aus einer jungsteinzeitlichen Anlage.

☐ C: Die Funde sind bronzezeitliche Schmuckscheiben aus dünnem Goldblech, deren Oberfläche mit konzentrischen Kreisen und strahlenförmigen Mustern verziert ist.

☐ D: Es sind durchbohrte Bernsteinscheiben, deren eingeritzte Strahlenmuster zusammen mit Schnurresten aus einem jungsteinzeitlichen Grab erhalten blieben.

29.) Welcher Vorgang prägt die Landschaft an der Råbjerg Mile südlich von Skagen?

☐ A: In einer eiszeitlichen Schmelzwasserrinne lagert sich bei Überschwemmungen Sand ab, der nach dem Rückzug des Wassers flache Bänke bildet.

☐ B: Dort bauen Küstenströmungen einen Strandwall auf, dessen trockener Rücken bei Sturm durch neue Sandlagen erhöht wird.

☐ C: Wind versetzt Sand über den Dünenkamm, wodurch die große unbewachsene Sandmasse nach und nach landeinwärts wandert.

☐ D: Unter einer dünnen Sandschicht löst sich Kalkgestein auf, sodass benachbarte Trichter zu einer großen Mulde zusammenwachsen.

30.) Warum besitzt der dünne Fischton im Kliff von Stevns besondere Bedeutung für die Erdgeschichte?

☐ A: An seiner Abfolge von Frostkeilen lässt sich erkennen, wann das letzte Inlandeis die Ostküste Seelands erreichte.

☐ B: Die eingelagerten Süßwassermuscheln markieren dort die erste Verbindung zwischen dem Becken der Ostsee und dem Atlantik.

☐ C: Er enthält verkohlte Waldreste, anhand derer der Übergang von der letzten Kaltzeit zur heutigen Warmzeit datiert wurde.

☐ D: Seine erhöhte Iridiumkonzentration gehört zu den Befunden, die den Asteroideneinschlag am Ende der Kreidezeit stützen.

31.) Welche Wärmequelle nutzte die 1903 in Frederiksberg eröffnete Anlage beim frühen Aufbau der dänischen Fernwärme?

☐ A: Der Abdampf einer benachbarten Brauerei gelangte durch Rohrleitungen in das neue Heizsystem mehrerer öffentlicher Gebäude.

☐ B: Wärme aus der Verbrennung von Hausmüll wurde nutzbar gemacht und unter anderem zum benachbarten Krankenhaus transportiert.

☐ C: Beim Erzeugen von Stadtgas anfallende Wärme wurde aufgefangen und über Rohrleitungen zu benachbarten Kranken- und Wohngebäuden transportiert.

☐ D: Aus tiefen Bohrungen gewonnenes Thermalwasser versorgte das Krankenhaus und wurde anschließend in nahegelegene Speicherbecken geleitet.

32.) Welche besondere Aufgabe übernimmt das mitfahrende Personal auf Tivolis historischer Holzachterbahn von 1914?

☐ A: Die Begleitperson steuert einen elektrischen Fahrantrieb und passt dessen Leistung während der Fahrt an Steigungen, Kurven und Gefällestrecken an.

☐ B: Ein Bremser steuert während der Fahrt die Geschwindigkeit des Zuges mit einer unmittelbar bedienten mechanischen Bremse.

☐ C: Sie gibt dem Stationspersonal Glockensignale, mit denen sie die Ankunft des Zuges und seine Einfahrt auf das passende Stationsgleis ankündigt.

☐ D: Die Begleitperson bedient die Verbindung zu einem umlaufenden Zugseil, das die Wagen über Steigungen und durch flache Streckenabschnitte zieht.

33.) Welche Zusammenstellung entspricht einem klassisch belegten dänischen „ristet hotdog“?

☐ A: Die Grillwurst im Brötchen wird mit Senf, Ketchup, Remoulade, rohen und gerösteten Zwiebeln sowie eingelegten Gurkenscheiben belegt.

☐ B: Das Brötchen wird mit einer Grillwurst, geschmolzenem Käse, frischen Tomaten und einer cremigen Pfeffersauce gefüllt.

☐ C: Eine gebratene Wurst liegt mit Rote-Bete-Salat und Kartoffelstampf im Brötchen; darüber kommen Schnittlauch und etwas Meerrettich.

☐ D: Zur gebratenen Wurst kommen Sauerkraut und weiche Apfelzwiebeln; süßer Senf bildet die Würze im aufgeschnittenen Brötchen.

34.) Welche Teigtechnik kennzeichnet dänisches Wienerbrød, das international oft „Danish pastry“ genannt wird?

☐ A: Butter wird in einen Hefeteig eingeschlagen, der durch wiederholtes Falten und Ausrollen viele dünne Schichten erhält.

☐ B: Der Teig wird wie für Windbeutel zunächst im Topf erhitzt und danach portionsweise mit Eiern geschmeidig gerührt.

☐ C: Man knetet kalte Butter in einen mürben Teig, dessen lockere Struktur beim Backen durch feine Fettkrümel entsteht.

☐ D: Für die feinen Lagen werden dünn ausgezogene Teigblätter einzeln mit Butter bestrichen und anschließend um eine Füllung gerollt.

35.) Welcher dokumentierte Zusammenhang zwischen Starkregen und Wasserqualität erklärt zeitweilige Sperrungen der Kopenhagener Hafenbäder?

☐ A: Der Regen verändert die Schichtung zwischen Süß- und Salzwasser; durch aufsteigendes Tiefenwasser sinkt der Sauerstoffgehalt in den Badebereichen.

☐ B: Aufgewirbelte Sedimente machen das Hafenwasser vorübergehend trüb; die Sperrung dauert an, bis sich die Sichtverhältnisse unter Wasser wieder verbessert haben.

☐ C: Von Straßen und Uferflächen eingetragene Nährstoffe fördern das Algenwachstum; die daraus entstehenden Blüten sind der Auslöser der kurzfristigen Sperrungen.

☐ D: Überläufe der Kanalisation können das Hafenwasser verunreinigen; die Badefreigabe richtet sich deshalb nach der überwachten Wasserqualität.

36.) Welcher Ansatz kennzeichnet Rasmus Rasks Beitrag zur vergleichenden Sprachwissenschaft?

☐ A: Bei seinen Vergleichen galt der Klang einzelner ähnlich klingender Wörter als stärkerer Herkunftsbeleg als die grammatische Formenbildung.

☐ B: Regelmäßige Lautentsprechungen und grammatische Strukturen dienten ihm dazu, historische Verwandtschaft zwischen verschiedenen Sprachen zu untersuchen.

☐ C: Gemeinsame Schrifttraditionen und ähnliche Buchstabenformen bildeten für ihn die wichtigste Grundlage, um Sprachen zu historischen Sprachfamilien zusammenzufassen.

☐ D: Er gruppierte Sprachen vorrangig nach ihrer Wortstellung und leitete aus ähnlichen Satzmustern die Nähe ihrer historischen Abstammung ab.

37.) Wie verbindet das Kopenhagener Bauwerk Amager Bakke seine industrielle Funktion mit einer ungewöhnlichen Freizeitnutzung?

☐ A: Auf dem Dach einer Anlage zur Abfallverwertung liegen Sportplätze und eine umlaufende Laufbahn, während sich darunter die technischen Betriebshallen befinden.

☐ B: Auf dem Dach einer Anlage zur Abfallverwertung befinden sich beheizte Schwimmbecken, die einen Teil der anfallenden Prozesswärme für den Badebetrieb nutzen.

☐ C: Auf dem schrägen Dach einer Anlage zur energetischen Abfallverwertung liegen eine künstliche Skipiste und Wege für Spaziergänger.

☐ D: Eine Anlage zur Abfallverwertung trägt auf ihrem Dach eine öffentliche Eislaufbahn; die Kälteanlage der Eisfläche ist in das Gebäudekonzept eingebunden.

38.) Welche tänzerische Qualität verbindet man besonders mit der Tradition August Bournonvilles beim Königlich Dänischen Ballett?

☐ A: Die Wirkung beruht vor allem auf ausgedehnten Spitzenpassagen und langen Pirouettenfolgen, die mit demonstrativ gesteigerter technischer Brillanz vorgetragen werden.

☐ B: Sehr hohe Beinführungen und weit ausgreifende Rückbeugen bestimmen den Ausdruck, begleitet von groß angelegten, stark betonten Armbewegungen.

☐ C: Schnelle, präzise Fußarbeit verbindet sich mit leicht wirkenden Sprüngen und einem ruhig und natürlich geführten Oberkörper.

☐ D: Die Wirkung entsteht durch lange gehaltene Gleichgewichtsfiguren, deren Übergänge möglichst langsam und ohne federnde Schritte ausgeführt werden.

39.) Welcher Anziehungspunkt steht am Anfang der Geschichte von Dyrehavsbakken nördlich von Kopenhagen?

☐ A: Aus einer Baumschule mit exotischen Gewächsen entstand ein Ausflugsziel, das später durch Gaststätten und Karussells erweitert wurde.

☐ B: Ein alljährlicher Viehmarkt zog Händler und Schaulustige an, für die nach und nach feste Vergnügungsbuden aufgebaut wurden.

☐ C: Ein Gartenlokal veranstaltete regelmäßig Tanzabende unter freiem Himmel und erweiterte sein Angebot später um Schaubuden, Spiele und kleine Fahrgeschäfte.

☐ D: Eine Quelle, deren Wasser als heilkräftig galt, lockte Besucher an; Gastwirte und Schausteller kamen zu ihnen hinzu.

40.) Welche Annahme führte Niels Bohr 1913 ein, um Eigenschaften des Wasserstoffatoms zu erklären?

☐ A: Für Elektronen sind bestimmte Energieniveaus erlaubt; beim Wechsel zwischen ihnen wird eine passende Energiemenge aufgenommen oder abgegeben.

☐ B: Licht entsteht beim Wasserstoff durch Schwingungen des Atomkerns, während die Elektronen ihre Energie bei solchen Vorgängen beibehalten.

☐ C: Elektronen sind in eine räumlich ausgedehnte positive Ladung eingebettet und führen darin Schwingungen aus, deren Frequenzen die beobachteten Spektrallinien bestimmen.

☐ D: Ein Elektron verliert auf seiner Umlaufbahn fortlaufend Energie und erreicht dadurch schrittweise immer kleinere Abstände zum Kern.

41.) Welche Vorbereitung des Pflanzguts gehört zur traditionellen Erzeugung besonders früher Kartoffeln auf Samsø?

☐ A: Die Landwirte ziehen das Pflanzgut aus Triebstecklingen, die sie in warmen Anzuchträumen bewurzeln und anschließend wie Gemüsesetzlinge auf den Acker pflanzen.

☐ B: Die Pflanzkartoffeln werden vorgekeimt, sodass sie beim Auslegen schon kräftige Triebe tragen; früher nutzten Landwirte dafür häufig die Wärme ihrer Kuhställe.

☐ C: Die Samen aus den Kartoffelbeeren werden früh in Anzuchtkisten ausgesät; nach dem letzten Frost kommen die daraus gezogenen Jungpflanzen auf die Felder.

☐ D: Die Pflanzkartoffeln werden während der Lagerung wiederholt entkeimt, damit möglichst viele Augen nach dem Auslegen gleichzeitig mit dem Austreiben beginnen.

42.) Unter welchem Namen erschien Karen Blixens englischsprachiger Erzählband „Seven Gothic Tales" erstmals 1934?

☐ A: Sie veröffentlichte ihn als Isak Dinesen und erreichte damit zunächst auf dem amerikanischen Buchmarkt ein großes Publikum.

☐ B: Für die englische Ausgabe wählte sie den Namen Tania Blixen, den sie auch bei anderen Veröffentlichungen im Ausland verwendete.

☐ C: Der Band erschien unter Osceola, einem Autorennamen, den Blixen für ihre international veröffentlichten längeren Erzählungen verwendete.

☐ D: Als Verfasser stand Pierre Andrézel auf dem Titelblatt; dieser Name sollte ihre Verbindung zur französischen Erzähltradition betonen.

43.) Welche technische Einrichtung gehörte 1882 zur Ausstattung der genossenschaftlichen Molkerei in Hjedding?

☐ A: Große, mit Natureis gekühlte Aufrahmgefäße ermöglichten das langsame Aufsteigen des Rahms, der anschließend von Hand in die Butterfässer geschöpft wurde.

☐ B: Ein Wasserrad lieferte über eine gemeinsame Transmission die Antriebskraft für die Zentrifuge und das neben ihr aufgestellte Butterfass.

☐ C: Eine dampfgetriebene Zentrifuge trennte Rahm von Milch; auch das Butterfass erhielt seine Antriebskraft von der Dampfmaschine.

☐ D: Eine von Hand gekurbelte Zentrifuge trennte den Rahm ab; für das anschließende Buttern wurde ein ebenfalls handbetriebenes Fass eingesetzt.

44.) Welche geometrische Lösung erleichterte Jørn Utzon die Konstruktion der Dachschalen des Opernhauses in Sydney?

☐ A: Die unterschiedlichen Schalenformen wurden aus derselben Kugelgeometrie abgeleitet, sodass sich Bauteile mit wiederkehrenden Formen herstellen ließen.

☐ B: Er legte jede Schale als eigenständige parabolische Fläche fest, deren jeweils andere Krümmung mit individuell gegossenen Betonelementen ausgeführt wurde.

☐ C: Utzon ordnete flache Dreiecksfelder um die Spitzen der Dächer an und erhielt dadurch eine aus ebenen Platten zusammengesetzte Hülle.

☐ D: Für die Dachflächen kombinierte er gerade Stäbe zu gegensinnig gekrümmten Sattelflächen, die ohne bogenförmige Rippen auskamen.

45.) Welche ungewöhnliche Besetzungswirkung prägt das Finale von Carl Nielsens vierter Sinfonie „Das Unauslöschliche"?

☐ A: Zwei räumlich getrennte Paukengruppen treten mit nachdrücklichen rhythmischen Einsätzen hervor und antworten einander über das Orchester hinweg.

☐ B: Ein zusätzliches Blechbläserensemble spielt von einer entfernten Position im Saal und greift die Themen der auf der Bühne sitzenden Musiker auf.

☐ C: Eine Celesta hebt die Schlussmelodie mit ihrem hellen Glockenklang hervor, während Harfen und geteilte Streicher einen gleichmäßigen Klangteppich bilden.

☐ D: Ein kleiner Chor setzt hinter dem Orchester ein und trägt die Schlussmelodie ohne Text auf langen Vokalen vor.

46.) Welche Beobachtung führte Hans Christian Ørsted 1820 zum Nachweis eines Zusammenhangs zwischen Elektrizität und Magnetismus?

☐ A: Beim Erwärmen der Verbindungsstelle zweier verschiedener Metalle floss ein messbarer Strom durch den angeschlossenen Leiter.

☐ B: Ein elektrisch geladener Stab lenkte einen dünnen Wasserstrahl seitlich ab, obwohl er weder den Strahl noch dessen Gefäß berührte.

☐ C: Eine Kompassnadel wurde abgelenkt, sobald durch einen in ihrer Nähe verlaufenden Draht elektrischer Strom floss.

☐ D: Ein bewegter Magnet erzeugte in einer benachbarten Drahtspule einen Strom, obwohl die Spule an keine Batterie angeschlossen war.

47.) Was geschieht beim dänischen Fastelavnsbrauch „at slå katten af tønden“ in seiner heutigen üblichen Form?

☐ A: Kinder versuchen ohne Hilfe der Hände, einen an einer Schnur aufgehängten Teigring zu essen; wer zuerst fertig ist, erhält einen kleinen Preis.

☐ B: Kinder schlagen abwechselnd auf ein aufgehängtes Fass, bis es zerbricht und die darin enthaltenen Süßigkeiten herausfallen.

☐ C: Ein verkleidetes Kind sucht mit verbundenen Augen nach einem umgedrehten Topf und erhält die Süßigkeiten, sobald es ihn mit einem Stock findet.

☐ D: Kinder gehen in Verkleidung von Haus zu Haus, singen ein Festlied und erhalten dafür Süßigkeiten oder kleine Geldbeträge von den Bewohnern.

48.) Welches Material steht im Mittelpunkt der traditionellen färöischen Pulloverstrickerei?

☐ A: Schafwolle liefert das Garn; traditionelle Muster nutzen unter anderem die natürlichen hellen und dunklen Farben der Tiere.

☐ B: Mohair aus dem Haar von Angoraziegen liefert das Garn; sein Glanz und die langen Fasern bestimmen den Charakter der gestrickten Pullover.

☐ C: Baumwollgarn bildet den Ausgangspunkt; durch unterschiedlich gefärbte Fäden entstehen die geometrischen Muster der dicht gestrickten Pullover.

☐ D: Angorawolle aus Kaninchenhaar liefert besonders feines Garn; daraus entstehen weiche Pullover mit einem gleichmäßig hellen, flauschigen Erscheinungsbild.

49.) Welche Beschreibung trifft auf Bertel Thorvaldsens künstlerische Arbeit und ihre Präsentation im Kopenhagener Museum zu?

☐ A: Der Bildhauer gestaltete vor allem bewegte Figuren des Barock; das Museum zeigt seine Entwürfe für reich verzierte Brunnen und Gartenanlagen.

☐ B: Der romantische Bildhauer arbeitete hauptsächlich in Paris; die Sammlung konzentriert sich auf seine plastischen Darstellungen nordischer Sagen und Märchen.

☐ C: Der klassizistische Bildhauer arbeitete lange in Rom; sein Museum vereint Skulpturen und persönliche Sammlungen in einem eigens gestalteten Gebäude.

☐ D: Der Bildhauer bevorzugte naturalistische Alltagsszenen; im Museum stehen seine unbemalten Holzfiguren aus dem Leben dänischer Bauern und Fischer im Mittelpunkt.

50.) Wie wird der dänische Stød in der Standardaussprache typischerweise lautlich verwirklicht?

☐ A: Typisch ist eine kurze knarrende Veränderung der Stimme innerhalb einer betonten Silbe, die Wörter voneinander unterscheiden kann.

☐ B: Die Betonung wandert auf eine andere Silbe des Wortes, die dadurch lauter und mit einer höheren Tonlage gesprochen wird.

☐ C: Ein Wechsel der Tonhöhe innerhalb der betonten Silbe bildet einen steigenden und anschließend wieder fallenden melodischen Verlauf.

☐ D: Der betonte Vokal wird deutlich verlängert, während seine Klangfarbe und die anschließenden Konsonanten unverändert gesprochen werden.

51.) Welche Gründung von 1904 markiert den Beginn der Unternehmensgeschichte von A. P. Møller-Maersk?

☐ A: Ein Zusammenschluss jütländischer Molkereien gründete die Gesellschaft in Esbjerg, um Butter mit eigenen Kühlschiffen nach England zu exportieren.

☐ B: Das Unternehmen entstand aus dem Zusammenschluss mehrerer Kopenhagener Reedereien, die bereits regelmäßige Linien nach Ostasien unterhielten.

☐ C: In Svendborg gründeten A. P. Møller und sein Vater Peter Mærsk Møller gemeinsam eine Dampfschifffahrtsgesellschaft.

☐ D: Ausgangspunkt war eine Aalborger Maschinenfabrik, deren Schiffsantriebe später den Aufbau einer eigenen Flotte zur Erprobung ermöglichten.

52.) Wie überqueren Züge den östlichen Großen Belt zwischen Sprogø und Seeland?

☐ A: Beide Verkehrsarten benutzen einen gemeinsamen Absenktunnel, dessen getrennte Stockwerke Schienen und Fahrbahnen übereinander aufnehmen.

☐ B: Die Bahn fährt unter dem Meeresboden durch einen Tunnel; der Straßenverkehr nutzt auf diesem Abschnitt eine Hängebrücke.

☐ C: Unterhalb der Autobahn verläuft ein zweites Brückendeck, auf dem zwei Eisenbahngleise die östliche Fahrrinne überqueren.

☐ D: Die Züge fahren auf einer eigenen hohen Fachwerkbrücke, die in einigem Abstand parallel zur Autobahnbrücke verläuft.

53.) Welcher Ort ist Dänemarks höchster natürlicher Punkt, wenn Grönland und die Färöer unberücksichtigt bleiben?

☐ A: Der Himmelbjerget ist die höchste natürliche Erhebung; sein bewaldeter Gipfel überragt die übrigen Höhen rund um die jütländischen Seen.

☐ B: Auf Bornholm überragt der Rytterknægten mit seinem natürlichen Gipfel die höchsten Erhebungen des jütländischen Hügellandes.

☐ C: Der Møllehøj bei Skanderborg erreicht knapp 171 Meter und liegt nur wenig höher als mehrere benachbarte Hügel.

☐ D: Die Spitze des Yding Skovhøj liegt auf einer natürlichen Geländekuppe von rund 173 Metern über dem Meer.

54.) Wie gewann Dänemarks Männernationalmannschaft erstmals die Handballweltmeisterschaft?

☐ A: Der erste Titel gelang 2011 in Malmö, als Dänemark das Endspiel gegen Frankreich nach Verlängerung knapp für sich entschied.

☐ B: Ein deutlicher Finalsieg über Gastgeber Spanien brachte den Dänen 2013 in Barcelona erstmals den begehrten Weltmeistertitel.

☐ C: Ein Sieg gegen Norwegen brachte Dänemark 2017 in Paris erstmals den Titel, nachdem das Team mehrere Endspielniederlagen erlebt hatte.

☐ D: Der erste Weltmeistertitel gelang ihr 2019 in Herning, wo sie im Endspiel die Mannschaft aus Norwegen besiegte.

55.) Welcher Erfolg gelang Poul-Erik Høyer Larsen bei den Olympischen Spielen 1996 in Atlanta?

☐ A: Er gewann Gold im Herreneinzel, nachdem er den chinesischen Spieler Dong Jiong im Finale bezwungen hatte.

☐ B: Im Herreneinzel erreichte er das Finale, musste sich dort jedoch dem indonesischen Titelverteidiger Alan Budikusuma geschlagen geben.

☐ C: Nach einer Niederlage im Halbfinale sicherte er sich im Herreneinzel die Bronzemedaille anstelle eines Platzes im Endspiel.

☐ D: Gemeinsam mit Thomas Lund holte er den Olympiasieg im Herrendoppel und blieb im entscheidenden Spiel ohne Satzverlust.

56.) Für welche Entdeckung erhielt der dänische Physiologe August Krogh 1920 den Nobelpreis?

☐ A: Krogh wies nach, dass chemische Botenstoffe die Erregung zwischen Nerven und Muskeln übertragen, und identifizierte den entscheidenden Überträger.

☐ B: Den Preis erhielt er für die Aufklärung der räumlichen Struktur des Hämoglobins, mit dessen Hilfe Blut Sauerstoff transportiert.

☐ C: Seine Auszeichnung galt der Entdeckung verschiedener Blutgruppen und der Erklärung, weshalb manche Blutproben beim Vermischen verklumpen.

☐ D: Er erklärte einen Mechanismus, durch den feinste Blutgefäße ihre Durchblutung verändern und so zur Sauerstoffversorgung der Muskeln beitragen.

57.) Was kennzeichnet das wirtschaftliche Grundmodell des Roskilde Festivals?

☐ A: Roskildes Gastgewerbe finanziert die Veranstaltung über einen gemeinsamen Fonds, aus dem Verluste und spätere Gewinne unter den Betrieben verrechnet werden.

☐ B: Ein gemeinnütziger Verein veranstaltet das Festival und gibt die erwirtschafteten Überschüsse an gemeinnützige Projekte und Organisationen weiter.

☐ C: Die auftretenden Künstler besitzen gemeinsam das Festivalunternehmen und verteilen dessen Jahresgewinn entsprechend der Zahl ihrer verkauften Konzertkarten.

☐ D: Besucher erwerben mit ihrer Eintrittskarte einen Genossenschaftsanteil und erhalten bei einem erfolgreichen Festivaljahr eine entsprechende Gewinnausschüttung.

58.) Welche weitere künstlerische Tätigkeit ist durch erhaltene Arbeiten Hans Christian Andersens belegt?

☐ A: Er gestaltete fantasievolle Scherenschnitte, indem er gefaltete Papierbögen mit Figuren, Masken und ornamental verbundenen Motiven versah.

☐ B: Er modellierte kleine Porzellanfiguren nach seinen Erzählungen, deren Formen anschließend von einer Kopenhagener Manufaktur für Serien genutzt wurden.

☐ C: In zahlreichen Kupferstichen hielt er auf Reisen Pflanzen fest und nutzte die Drucke später als Schmuckblätter seiner Märchenausgaben.

☐ D: Andersen schnitt seine Märchenfiguren in Holzstöcke, mit denen er die ersten Ausgaben seiner Geschichten eigenhändig illustrierte.

59.) Wie entstehen die runden dänischen Æbleskiver bei der klassischen Zubereitung?

☐ A: Zwei dünne Teigscheiben werden über einer Apfelfüllung zusammengedrückt; im Backofen wölben sie sich zu einem kugeligen Gebäck.

☐ B: Man formt einen festen Hefeteig zu kleinen Kugeln, die anschließend schwimmend in heißem Fett gleichmäßig ausgebacken werden.

☐ C: Eine glatte Pfanne liefert zunächst kleine Fladen, die noch warm um einen Kern aus Marzipan gerollt werden.

☐ D: Der flüssige Teig wird in halbkugelige Pfannenmulden gegeben und während des Backens gedreht, bis runde Küchlein entstehen.

60.) Welcher ungewöhnliche Weg führt im Kopenhagener Rundetårn durch den größten Teil des Turminneren?

☐ A: Ein umlaufender hölzerner Laubengang verbindet außenliegende Treppen mit den Innenräumen und führt schließlich auf die Aussichtsplattform.

☐ B: Eine breite Spiralrampe windet sich um den hohlen Kern; erst der letzte Abschnitt zur oberen Plattform führt über Treppen.

☐ C: Zwei ineinanderliegende Wendeltreppen trennen den Aufstieg vom Abstieg und erschließen die verschiedenen Geschosse über voneinander unabhängige Zugänge.

☐ D: Entlang der Außenwand wechseln gerade Rampen mit waagerechten Galerien, während die astronomischen Instrumente einen offenen Mittelschacht füllen.

61.) Welche Beobachtung führte Ole Rømer 1676 zum Nachweis einer endlichen Lichtgeschwindigkeit?

☐ A: Die scheinbare Jahresbewegung heller Fixsterne verriet ihm, wie sich die Bewegung der Erde mit dem eintreffenden Sternenlicht überlagert.

☐ B: Beim Vergleich zweier Sternwarten fiel auf, dass dieselbe Sonnenfinsternis zeitversetzt begann; daraus berechnete er die Laufzeit ihres Lichts.

☐ C: Er ließ Licht zwischen zwei Hügeln spiegeln und ermittelte dessen Verzögerung, indem er eine gezahnte Scheibe im Strahlengang drehte.

☐ D: Die beobachteten Zeiten der Verfinsterungen des Jupitermondes Io verschoben sich systematisch, während sich die Entfernung zwischen Erde und Jupiter änderte.

62.) Mit welchem literarischen Werk wird das dänische Schloss Kronborg besonders verbunden?

☐ A: Goethes „Faust“ verlegt die Begegnung mit Helena nach Kronborg und macht den Renaissancebau zum Bindeglied zwischen zwei literarischen Welten.

☐ B: In Ibsens „Peer Gynt“ dient Kronborg als Schauplatz der Rahmenerzählung, aus der sich die fantastischen Reisen des Helden entwickeln.

☐ C: Strindbergs „Traumspiel“ beginnt im Schloss Kronborg, dessen wechselnde Räume während der Handlung die Träume verschiedener Figuren verbinden.

☐ D: Kronborg ist eng mit Shakespeares „Hamlet“ verbunden; die Tragödie spielt in Elsinore, der englischen Namensform von Helsingør.

63.) Was bezeichnet der Name Strøget im Zentrum Kopenhagens?

☐ A: Die Bezeichnung gehört zu einer einzelnen Hafenstraße, deren ehemalige Speicher inzwischen vor allem Geschäfte und Restaurants beherbergen.

☐ B: Als Strøget wird ein ringförmiger Boulevard bezeichnet, der entlang der früheren Stadtgrenze die Kopenhagener Altstadt umschließt.

☐ C: Es handelt sich um eine überdachte Ladenpassage, deren Seitenflügel die historischen Kaufhäuser zwischen Hauptbahnhof und Rathaus verbinden.

☐ D: Der Name fasst mehrere aufeinanderfolgende Straßen und Plätze zusammen, die eine zusammenhängende Einkaufs- und Fußgängerachse bilden.

64.) Welches Kleidungsstück gehörte zur erhaltenen Ausstattung des bronzezeitlichen Egtved-Mädchens?

☐ A: Über einer langen Wolltunika lag ein gewebter Faltenrock, der mit zwei Schulterspangen an breiten Trägern befestigt wurde.

☐ B: Ein bodenlanges Leinenkleid mit angenähten Ärmeln bildete die Hauptkleidung; auf der Brust saß eine große bernsteinbesetzte Spange.

☐ C: Sie trug einen knielangen Rock aus wollenen Schnüren, zusammen mit einer kurzen Tunika und einer bronzenen Gürtelscheibe.

☐ D: Zu ihrer Ausstattung gehörte ein knielanger Lederrock, dessen überlappende Streifen durch kleine Bronzenieten miteinander verbunden waren.

65.) Welche Messgröße führte Søren P. L. Sørensen 1909 bei seinen Arbeiten im Carlsberg-Laboratorium ein?

☐ A: Er schuf die Plato-Skala für den Stammwürzegehalt, die den gelösten Extrakt vor der Gärung als Massenanteil angibt.

☐ B: Er führte den pH-Wert ein, mit dem sich die saure oder basische Beschaffenheit einer Lösung logarithmisch beschreiben lässt.

☐ C: Seine neue Größe erfasste die Bitterkeit eines Bieres anhand der darin gelösten Hopfenstoffe und wurde zur Grundlage der Bittereinheiten.

☐ D: Sørensen entwickelte eine Farbskala für Bier, bei der die Lichtabsorption einer Probe als Maß für ihre Farbtiefe dient.

66.) Wofür war das bei Roskilde ausgestellte Schiff Skuldelev 1 ursprünglich gebaut worden?

☐ A: Der flachbodige Rumpf diente als Lastkahn für Hafenfahrten; Schüttgüter wurden ohne eigene Besegelung zwischen Speicherhäusern und größeren Schiffen bewegt.

☐ B: Das Schiff war ein offenes Küstenfischerboot, dessen Arbeitsraum für den Umgang mit Leinen, Netzen und dem Fang eingerichtet war.

☐ C: Als hochseetaugliches Handelsschiff bot es einen geräumigen Laderaum für den Transport von Gütern über nordeuropäische Meere.

☐ D: Es war eine flachgehende Personenfähre, deren durchgehende Sitzbänke für häufige kurze Überfahrten innerhalb geschützter Fjorde eingerichtet waren.

67.) Wofür steht das rote Ø-Zeichen, das auf vielen Lebensmitteln in dänischen Geschäften zu sehen ist?

☐ A: Die Kennzeichnung bescheinigt eine besonders günstige Nährstoffzusammensetzung, die unabhängig von Herkunft und Anbaumethode des Produkts bewertet wird.

☐ B: Es steht für Lebensmittel aus dänischen Rohstoffen und macht die heimische Herkunft ihrer landwirtschaftlichen Zutaten erkennbar.

☐ C: Es ist ein Kontrollzeichen für Biolebensmittel und bescheinigt, dass die dafür geltenden Anforderungen behördlich überwacht werden.

☐ D: Mit dem roten Ø werden besonders kurze Transportwege ausgezeichnet; entscheidend ist die Entfernung zwischen Erzeuger und Verkaufsort.

68.) Welche pädagogische Entwicklung wird mit der Dänin Ella Flatau in den 1950er-Jahren verbunden?

☐ A: Sie gründete eine Schule für angewandte Kunst, in der Vorschulkinder täglich mit Keramik, Textilien und einfachen Druckverfahren arbeiteten.

☐ B: Aus regelmäßigen Aufenthalten mit eigenen und benachbarten Kindern im Wald entwickelte sich eine frühe Form des Waldkindergartens.

☐ C: Flatau entwickelte ein Vorschulprogramm für Bibliotheken, dessen Tagesablauf durch gemeinsames Vorlesen und das selbstständige Ausleihen von Bilderbüchern bestimmt wurde.

☐ D: Ihr Modell verlegte die Betreuung in wechselnde Familienwohnungen; jeweils mehrere Eltern übernahmen dort gemeinsam den Unterricht einer festen Kindergruppe.

69.) Wie wird die dänische Kalenderkerze in der Adventszeit traditionell verwendet?

☐ A: Man entzündet täglich eine neue schmale Kerze auf einem runden Brett, bis am Heiligabend alle vierundzwanzig Lichter gemeinsam leuchten.

☐ B: An den Dezembertagen bis Heiligabend lässt man die Kerze jeweils bis zur nächsten aufgedruckten Tagesmarkierung herunterbrennen.

☐ C: Die Kerze trägt vier breite Farbringe, von denen an jedem Adventssonntag einer vollständig abbrennt und damit die jeweilige Woche abschließt.

☐ D: Vom Heiligabend bis zum Dreikönigstag brennt täglich ein Abschnitt ab; zwölf Markierungen begleiten so die Tage nach Weihnachten.

70.) Wie wird der Zugbetrieb der Kopenhagener Metro im regulären Fahrgastverkehr gesteuert?

☐ A: Jeder Zug wird vom Führerstand aus gefahren, während eine automatische Sicherung die Abstände zu vorausfahrenden Fahrzeugen überwacht.

☐ B: Die Züge verkehren automatisch ohne Fahrer im Führerstand; eine besetzte Leitstelle überwacht und koordiniert den Betrieb.

☐ C: Ein Zugbegleiter gibt jede Abfahrt frei; danach übernimmt das automatische System Beschleunigen, Bremsen und Halten an der nächsten Station.

☐ D: Ein Fahrer fährt jeden Zug zwischen den Stationen, während Anhalten und Türfreigabe automatisch durch die Bahnsteiganlagen erfolgen.

71.) Welche geologische Entstehung erklärt die mächtigen dunklen Gesteinsschichten der Färöer?

☐ A: Die dunklen Schichten gehen auf ein altes Schiefergebirge zurück, das durch Hebung und eiszeitliche Erosion wieder freigelegt wurde.

☐ B: Aus Kalksedimenten eines flachen Meeres entstand bei tiefreichender Versenkung dunkler Marmor, den spätere Hebung und Erosion freilegten.

☐ C: Wiederholte Vulkanausbrüche bauten ein Basaltplateau auf, dessen übereinanderliegende Lavaergüsse später durch Verwitterung und Gletscher zerschnitten wurden.

☐ D: Die Inseln bestehen aus mächtigen Sandsteinlagen eines ehemaligen Flussdeltas, die durch seitlichen Gebirgsdruck steil aufgerichtet wurden.

72.) Warum ist der Dom von Roskilde für die nordeuropäische Architekturgeschichte besonders bedeutsam?

☐ A: Seine Fassade führte die großzügige Verwendung von Marmor in den nordischen Kirchenbau ein und löste eine Tradition weißer Kathedralen aus.

☐ B: Der Dom übernahm als früher Zentralbau die kreisrunde Grundform mit umlaufendem Umgang und prägte damit die dänischen Rundkirchen.

☐ C: Er gehört zu den frühen großen gotischen Backsteinbauten Skandinaviens und trug zur Verbreitung dieser Bauweise in Nordeuropa bei.

☐ D: Sein einheitlicher romanischer Innenraum blieb ohne spätere Gewölbe erhalten und wurde zum Vorbild dänischer Kirchen mit flachen Holzdecken.

73.) Welches Problem löste Bang & Olufsens frühes Produkt „Eliminator“ für Radiohörer?

☐ A: Es ersetzte den Kopfhörer durch einen Trichterlautsprecher und ermöglichte dabei gemeinsame Musikübertragung ohne einen zusätzlichen elektrischen Verstärker.

☐ B: Eine zusätzliche Verstärkerschaltung glich schwankende Empfangslautstärken aus und hielt den hörbaren Pegel auch bei wechselnder Signalstärke annähernd konstant.

☐ C: Das Gerät verringerte Störungen benachbarter Sender durch eine zusätzliche Abstimmstufe, die vor den Antenneneingang des Radios geschaltet wurde.

☐ D: Das Gerät ermöglichte den Anschluss zuvor batteriebetriebener Radios an das Stromnetz und erleichterte dadurch den alltäglichen Betrieb der Empfänger.

74.) Welche Idee prägt die Ausstattung des Kopenhagener Stadtraums Superkilen?

☐ A: Die Bänke und Spielgeräte stammen aus einem gemeinsamen Baukastensystem, dessen Module sich für wechselnde Freizeitangebote neu anordnen lassen.

☐ B: Die Anlage versammelt ausgemusterte Stadtmöbel Kopenhagens, deren zeitliche Reihenfolge die Entwicklung des dänischen Industriedesigns sichtbar macht.

☐ C: Ausgewählte Handwerksbetriebe gestalteten jeweils einen Bereich mit regionalen Materialien, sodass der Park die Landschaften Dänemarks im Kleinen nachbildet.

☐ D: Anwohner schlugen Alltagsobjekte aus verschiedenen Ländern vor, die als Originale oder Nachbildungen in den öffentlichen Raum aufgenommen wurden.

75.) Nach welchem Prinzip speicherte Valdemar Poulsens 1898 entwickeltes Telegraphon Sprache?

☐ A: Elektrische Sprachsignale veränderten die Magnetisierung eines Stahldrahts; beim erneuten Abtasten entstand daraus wieder ein hörbares Signal.

☐ B: Eine schwingende Nadel ritzte die Sprachbewegungen in eine Wachswalze, deren Rille anschließend mit einem empfindlichen Taststift gelesen wurde.

☐ C: Ein elektrisch bewegter Stift übertrug die Schwingungen auf eine beschichtete Glasscheibe, die zur Wiedergabe mechanisch abgetastet wurde.

☐ D: Die Schallschwingungen steuerten einen Lichtstrahl, der auf einem bewegten fotografischen Papierstreifen eine später ablesbare Tonspur hinterließ.

76.) Welche Erkenntnis gewann die dänische Seismologin Inge Lehmann 1936 aus der Auswertung von Erdbebenwellen?

☐ A: Sie erklärte die schwachen Signale durch Beugung an der Grenze zwischen Mantel und Kern, ohne eine zusätzliche Kernschicht anzunehmen.

☐ B: Aus den Laufzeiten leitete sie ab, dass sich der gesamte Erdkern im selben flüssigen Zustand befinde.

☐ C: Sie deutete die Messdaten als Nachweis einer dünnen, durchgehend flüssigen Schicht unmittelbar unter der Erdkruste.

☐ D: Die Messungen sprachen für einen zusätzlichen inneren Kern, in dem sich Druckwellen schneller als im äußeren Kern ausbreiten.

77.) Welche Vorlagen liegen den Pflanzendarstellungen des Porzellanservices Flora Danica von Royal Copenhagen zugrunde?

☐ A: Die Motive folgen den Tafeln des gleichnamigen botanischen Werkes, dessen Abbildungen einzelne Pflanzen wissenschaftlich dokumentieren.

☐ B: Als Vorlagen dienen getrocknete Pflanzen, deren Abdrücke unmittelbar in die weiche Porzellanmasse gepresst und anschließend farbig ausgelegt werden.

☐ C: Porzellanmaler entwickeln die Blumenbilder nach wechselnden Gartenausstellungen; die einzelnen Serien bilden jeweils deren prämierte Züchtungen ab.

☐ D: Das Dekor übernimmt florale Entwürfe dänischer Textilkünstler, die ursprünglich als wiederholbare Muster für gewebte Tischdecken angefertigt wurden.

78.) Warum spielt Zimmer 606 des ehemaligen SAS Royal Hotels eine besondere Rolle in Arne Jacobsens Werk?

☐ A: Die Einrichtung bewahrt Jacobsens abgestimmtes Gesamtdesign und verbindet Möbel, Farben, Textilien und kleine Gebrauchsgegenstände zu einem zusammenhängenden Raum.

☐ B: Das Zimmer wurde als Ausstellungsraum für Jacobsens Baupläne eingerichtet und zeigt maßstäbliche Modelle seiner wichtigsten Gebäude.

☐ C: In diesem Zimmer erprobte Jacobsen eine transportable Wohnzelle, die einschließlich Badezimmer als fertiges Bauteil in das Hochhaus geschoben wurde.

☐ D: Der Raum diente Jacobsen als dauerhaftes Zeichenatelier; die dort erhaltenen Entwurfstische dokumentieren seine Arbeit am benachbarten Flughafenterminal.

79.) Wie entstand die 1913 an Kopenhagens Langelinie aufgestellte Skulptur der Kleinen Meerjungfrau?

☐ A: Der Brauer Carl Jacobsen beauftragte Edvard Eriksen mit der Figur, nachdem ihn eine Ballettaufführung nach Andersens Märchen beeindruckt hatte.

☐ B: Anne Marie Carl-Nielsen entwickelte die Meerjungfrau als Teil einer Figurengruppe, aus der Jacobsen die zentrale Gestalt für die Hafenpromenade auswählte.

☐ C: Die Stadt wählte einen Entwurf Kai Nielsens aus, der die Figur zunächst für den Brunnen eines neuen Theaterfoyers modelliert hatte.

☐ D: Bertel Thorvaldsen hinterließ dafür ein Marmormodell; die Kopenhagener Kunstakademie ließ es später als bronzene Hafenfigur ausführen.

80.) Welche Gewässer treffen an der Landspitze Grenen bei Skagen unmittelbar aufeinander?

☐ A: Hier mündet der Limfjord in die Nordsee, deren Brandung auf das ausströmende Wasser des Fjords trifft.

☐ B: An der Sandspitze begegnen sich Skagerrak und Kattegat; ihre Wellen können aus unterschiedlichen Richtungen aufeinandertreffen.

☐ C: Vor Grenen vereinigen sich die Gewässer des Großen und Kleinen Belts, bevor sie nach Norden weiterfließen.

☐ D: Die Landzunge teilt den Zugang zum Øresund, wo dessen Strömung mit dem offenen Kattegat zusammenkommt.

81.) Welchen Titel gewann Mads Pedersen bei der Radweltmeisterschaft 2019 im englischen Yorkshire?

☐ A: Pedersen gewann das Straßenrennen der U23-Klasse mit einem Angriff auf der letzten Runde und erreichte das Ziel als Solist.

☐ B: Gemeinsam mit der dänischen Auswahl entschied er die erstmals ausgetragene gemischte Staffel im Mannschaftszeitfahren für sich.

☐ C: Er wurde als erster Däne Weltmeister im Straßenrennen der Männerelite, nachdem er sich im Sprint einer kleinen Spitzengruppe durchgesetzt hatte.

☐ D: Im Einzelzeitfahren der Männerelite holte er den Titel, indem er auf dem nassen Kurs die schnellste Zeit fuhr.

82.) Welches Prinzip kennzeichnet das von Poul Henningsen entwickelte PH-Dreischirmsystem?

☐ A: Mehrere frei sichtbare Glühlampen verteilen das Licht räumlich; ihre geringe Einzelleistung übernimmt dabei die Aufgabe der Entblendung.

☐ B: Die Helligkeit wird durch das Drehen farbiger Glasscheiben verändert, deren übereinanderliegende Flächen verschiedene Lichttemperaturen erzeugen.

☐ C: Aufeinander abgestimmte Schirme lenken reflektiertes Licht und verdecken die Lichtquelle, sodass eine blendungsarme Beleuchtung entsteht.

☐ D: Ein verstellbares Linsensystem bündelt das Licht auf einen engen Arbeitsbereich und hält die umgebenden Raumflächen weitgehend dunkel.

83.) Woher stammt der Name des Kunstmuseums Louisiana in Humlebæk?

☐ A: Museumsgründer Knud W. Jensen übernahm den Namen einer amerikanischen Galerie, deren Ausstellungsräume ihn auf einer Reise besonders beeindruckt hatten.

☐ B: Jørgen Bo und Vilhelm Wohlert wählten den Namen eines Gartenpavillons, dessen Bauweise ihnen als Vorbild für die Museumsgalerien diente.

☐ C: Der frühere Eigentümer Alexander Brun benannte das Anwesen nach seinen drei nacheinander geheirateten Ehefrauen, die jeweils Louise hießen.

☐ D: Die Bezeichnung erinnert an eine Kunstsammlerin namens Louise, deren Gemäldeschenkung den Aufbau des Museums am Øresund ermöglichte.

84.) Wie ordnet der Kopenhagener Fingerplan von 1947 Siedlungsflächen und Freiräume an?

☐ A: Ein geschlossener Siedlungsring umfasst die Kernstadt; neue Grünflächen werden hauptsächlich als kleine Parks innerhalb dieses Rings verteilt.

☐ B: Entlang der Küste entsteht ein durchgehendes Band dichter Bebauung, das die bisherigen Vororte zu einer langgestreckten Stadt verbindet.

☐ C: Die Wohngebiete verteilen sich auf eigenständige Satellitenstädte, zwischen denen sternförmige Straßen die wichtigsten Verbindungen zum Zentrum herstellen.

☐ D: Bebaute Korridore folgen den Bahnlinien vom Stadtzentrum nach außen, während zwischen ihnen größere zusammenhängende Grünräume liegen.

85.) Welche Gestaltung ist für frühe Silberarbeiten Georg Jensens charakteristisch?

☐ A: Jensen entwarf fein durchbrochenes Silberfiligran; symmetrische Drahtspiralen und gleichmäßige Rosetten lassen die Wandungen seiner Gefäße nahezu transparent erscheinen.

☐ B: Naturformen wie Blätter, Beeren und Knospen verbinden sich mit plastischen Konturen und sichtbar bearbeiteten Silberoberflächen.

☐ C: Seine Gefäße folgen antiken Säulenordnungen; glatt polierte Wandungen tragen gravierte Bildfolgen nach archäologisch dokumentierten Marmorreliefs.

☐ D: Flache Emaillefelder und rechtwinklige Farbraster bestimmen die Stücke, deren Schmuckwirkung an streng geometrische Glasfenster angelehnt ist.

86.) Welche Entwicklung lässt sich für Ribe bereits im frühen 8. Jahrhundert archäologisch nachweisen?

☐ A: Eine dicht bebaute Hafenstadt mit steinernen Kaufmannshäusern entwickelte sich rund um einen zentralen Markt mit mehrstöckigen Lagergebäuden.

☐ B: Am Fluss entstand ein Handelsplatz mit Werkstätten und abgegrenzten Grundstücken, an dem Waren aus größeren Entfernungen zusammenkamen.

☐ C: Ribe war damals ein ländlicher Gutshof; Werkstätten und überregionaler Warenaustausch lassen sich erst aus dem späten Mittelalter belegen.

☐ D: Die Siedlung entstand als planmäßig angelegter Fischereihafen an einer offenen Meeresbucht, dessen Wirtschaft auf der Heringsverarbeitung beruhte.

87.) Wie verbesserte Emil Christian Hansen 1883 am Carlsberg-Laboratorium die Zuverlässigkeit des Bierbrauens?

☐ A: Durch kurzes Erhitzen der abgefüllten Flaschen machte er verbleibende Mikroorganismen unschädlich und verlängerte damit die Lagerfähigkeit des Bieres.

☐ B: Sein Verfahren entfernte Eiweißtrübungen mithilfe eines mineralischen Filters, sodass das Bier nach der Lagerung klarer ausgeschenkt werden konnte.

☐ C: Er vermehrte eine isolierte Hefezelle zu einer Reinkultur, mit der sich die Gärung gezielter und gleichmäßiger durchführen ließ.

☐ D: Hansen entwickelte ein Kühlaggregat, das Gärbehälter über einen geschlossenen Kältemittelkreislauf unabhängig von winterlichem Natureis temperierte.

88.) Welches Bauelement prägt den Innenraum der Rundkirche von Østerlars auf Bornholm?

☐ A: Zwei Pfeilerreihen gliedern den Rundbau in drei gleich breite Schiffe, deren Gewölbe unabhängig voneinander bis zur Außenwand reichen.

☐ B: Der Raum bleibt in der Mitte frei, weil ein sichtbares hölzernes Hängewerk das Dach vollständig von den Außenmauern aus trägt.

☐ C: Sechs freistehende Säulen bilden einen inneren Kranz, über dem eine hölzerne Kuppel den kreisrunden Kirchenraum überspannt.

☐ D: Ein mächtiger hohler Mittelpfeiler trägt das ringförmige Gewölbe; in seinem Inneren befindet sich ein kleiner begehbarer Raum.

89.) Woraus entstand die weiße Kreide, die heute die Steilküste Møns Klint bildet?

☐ A: Die weißen Schichten sind ehemalige Korallenriffe, deren zusammenhängende Gerüste durch die spätere Hebung über den Meeresspiegel gelangten.

☐ B: Feiner Quarzsand wurde durch kalkhaltiges Wasser verkittet und bildete die hellen Sandsteinschichten, die heute an der Küste freiliegen.

☐ C: Sie entstand überwiegend aus winzigen Kalkbestandteilen mariner Algen, die sich am Boden eines kreidezeitlichen Meeres ansammelten.

☐ D: Am Rand eiszeitlicher Seen lagerte sich heller Gesteinsstaub ab, den Gletscher zuvor aus dem skandinavischen Gebirge herausgeschliffen hatten.

90.) Welcher Forschungsansatz prägte Knud Rasmussens fünfte Thule-Expedition von 1921 bis 1924?

☐ A: Geophysikalische Messreihen sollten die Lage des magnetischen Nordpols bestimmen und seine jährliche Verlagerung gegenüber früheren Expeditionen berechnen.

☐ B: Die Expedition sollte Gletscherbewegungen und Eisdicken systematisch vermessen, um den Eisabfluss verschiedener arktischer Regionen miteinander zu vergleichen.

☐ C: Die Expedition kartierte den arktischen Meeresboden mit systematischen Echolotmessungen und verglich dabei die Tiefenprofile der kanadischen Wasserstraßen.

☐ D: Er verband weite Schlittenreisen mit Gesprächen und Aufzeichnungen, um Sprachen, Erzählungen und Lebensweisen verschiedener Inuit-Gemeinschaften zu untersuchen.

91.) Was bezeichnet „Sønderhoning“ im Zusammenhang mit der lebendigen Tanztradition auf Fanø?

☐ A: Es handelt sich um einen Paartanz aus Sønderho, bei dem Gehpassagen und charakteristische Drehbewegungen miteinander verbunden werden.

☐ B: Gemeint ist ein Solotanz mit Sprüngen und Fußfiguren, bei dem einzelne Tänzer nacheinander ihre Geschicklichkeit zur Schau stellen.

☐ C: Der Ausdruck benennt einen Kettentanz, dessen Teilnehmer sich an den Händen halten und gemeinsam erzählende Strophen singen.

☐ D: Eine Gruppe aus vier Paaren führt unter diesem Namen feste Platzwechsel aus, die der Vorspieler vor jeder neuen Figur ansagt.

92.) Wie verändert Olafur Eliassons „Your rainbow panorama“ auf dem ARoS die Wahrnehmung von Aarhus?

☐ A: Prismen zerlegen Licht über einem Wasserbecken, sodass Besucher vom Museum aus einen Regenbogen über der Hafenkante sehen.

☐ B: Die Dachfläche projiziert bewegte Farbbänder auf benachbarte Häuser, deren Fassaden dadurch Teil einer nächtlichen Lichtkomposition werden.

☐ C: Ein begehbarer Glasring auf dem Museumsdach färbt den Rundumblick auf die Stadt beim Wechsel zwischen seinen verschiedenfarbigen Abschnitten.

☐ D: Spiegel richten den Blick auf die Museumsräume zurück und setzen deren Kunstwerke zu einem umlaufenden Stadtbild zusammen.

93.) Welches mathematische Prinzip bestimmt das Wachstum der Abschnitte in Inger Christensens Gedichtzyklus „alphabet“?

☐ A: Die Abschnittslängen folgen aufeinanderfolgenden Primzahlen, wodurch nach jedem Buchstaben eine unterschiedlich große Zahl neuer Verse hinzukommt.

☐ B: Die Zeilenzahlen folgen der Fibonacci-Folge: Nach den Anfangswerten ist jede Zahl die Summe der beiden vorangegangenen.

☐ C: Christensen verdoppelt nach jedem Abschnitt die Zahl der Silben und lässt zugleich die einzelnen Verszeilen zunehmend kürzer werden.

☐ D: Ein quadratisches Zahlenschema gibt die Strophenzahl vor; jede neue Buchstabenstufe erhält das Quadrat ihrer Position im Alphabet.

94.) Welcher Umgang mit dem Sehen kennzeichnet C. W. Eckersbergs Beitrag zum dänischen Goldenen Zeitalter?

☐ A: Er setzte auf spontane Malerei aus der Erinnerung und verzichtete beim Aufbau seiner Stadtansichten auf vorbereitende Zeichnungen.

☐ B: Eckersberg ordnete seine Motive zu flächigen Farbflächen, deren Größen sich nach symbolischer Bedeutung statt nach räumlicher Entfernung richten.

☐ C: Seine Landschaften lösen feste Konturen in kurze Farbtupfen auf, sodass der wechselnde Lichteindruck wichtiger wird als räumliche Konstruktion.

☐ D: Er verband genaue Naturbeobachtung mit sorgfältig konstruierter Perspektive und ordnete Ansichten zu ausgewogenen Bildräumen.

95.) Welches Geschehen steht hinter dem Ausdruck „Sort sol“ in Südwestjütland?

☐ A: Große Starenschwärme bilden vor dem abendlichen Einflug in ihre Schlafplätze ständig wechselnde, dicht gedrängte Figuren am Himmel.

☐ B: Ringelgänse ziehen in langen Keilen über das Watt und verdunkeln dabei während ihrer täglichen Nahrungssuche den Horizont.

☐ C: Millionen winziger Zuckmücken steigen gleichzeitig aus den Marschgewässern auf und bilden über den Schilfflächen dunkle, wirbelnde Säulen.

☐ D: Schwärme von Alpenstrandläufern wenden sich bei auflaufendem Wasser gemeinsam und lassen ihre wechselnd sichtbaren Rücken dunkel aufblitzen.

96.) Warum wurde die Gegend um Klitmøller unter dem Namen „Cold Hawaii“ bekannt?

☐ A: Die Verbindung aus Nordseewellen und kräftigem Wind machte die Küste zu einem international beachteten Revier für Windsurfen und Wellenreiten.

☐ B: Die Bezeichnung stammt aus dem Seekajaksport, dessen Langstreckenveranstaltungen zwischen Klitmøller und benachbarten Küstenorten ein großes Publikum fanden.

☐ C: Internationale Strandsegelregatten machten den Ort berühmt, weil seine breiten, ebenen Sandflächen als besonders geeignete Rennstrecken gelten.

☐ D: Ein bekanntes Langstreckenschwimmen entlang der Küste begründete den Ruf des Ortes als Treffpunkt für Sportler aus der internationalen Freiwasserszene.

97.) Welche Gestaltung prägt die Grundtvigskirche im Kopenhagener Stadtteil Bispebjerg?

☐ A: Eine flache Betonkuppel ruht auf schlanken Stützen, während umlaufende Glaswände den Kirchenraum zur umgebenden Wohnsiedlung öffnen.

☐ B: Der Bau folgt einem kreisförmigen Grundriss; übereinander geschichtete Holzbögen bilden zugleich Tragwerk, Dach und sichtbare Innenverkleidung.

☐ C: Eine weiß verputzte Hallenkirche mit klassischer Säulenfront stellt die Symmetrie ihrer niedrigen Seitenflügel und des mittleren Portikus heraus.

☐ D: Gelber Backstein, stark betonte senkrechte Linien und gestaffelte Giebel verbinden gotische Anklänge mit expressionistischer Formgebung.

98.) Was zeigt das dänische Pant-Zeichen auf einer Getränkedose an?

☐ A: Die Dose ist für eine erneute Befüllung vorgesehen; das Zeichen kennzeichnet ihre Reinigung in einem Mehrwegkreislauf.

☐ B: Mit dem Aufdruck weist der Hersteller einen freiwilligen Umweltbeitrag nach, der beim Kauf an örtliche Sammelstellen weitergeleitet wird.

☐ C: Das Zeichen bescheinigt einen festgelegten Recyclinganteil des Metalls und ermöglicht eine kostenlose Entsorgung ohne Rückzahlung.

☐ D: Für diese Einwegverpackung wird im dänischen Rücknahmesystem Pfand erhoben, das bei einer geeigneten Rückgabe erstattet wird.

99.) Welche Funktion erfüllt der ansteigende Außenweg des Kopenhagener Wohngebäudes 8tallet?

☐ A: Die Rampe führt Fahrzeuge zu den Stellplätzen auf dem Dach, während innenliegende Treppenhäuser und Aufzüge die Wohnbereiche erschließen.

☐ B: Als gemeinsamer Lieferweg erschließt er die Geschäfte in den Obergeschossen und trennt deren Warenverkehr von den Zugängen der Wohnungen.

☐ C: Der Weg erschließt eine öffentliche Dachterrasse; die Wohnungen liegen hinter einer getrennten Erschließung und besitzen dort keine eigenen Eingänge.

☐ D: Er verbindet Wohnungen und kleine Vorgärten über mehrere Ebenen und führt vom Straßenniveau bis zu den oberen Wohnbereichen.

100.) Wie wird das traditionelle Siedesalz auf Læsø gewonnen?

☐ A: Stark salzhaltiges Grundwasser aus den Rønnerne wird in flachen Eisenpfannen erhitzt, bis sich Salzkristalle bilden.

☐ B: Salzreiche Strandpflanzen werden getrocknet und verbrannt; aus ihrer ausgewaschenen Asche entsteht das charakteristische grobkörnige Speisesalz der Insel.

☐ C: Man löst unterirdisches Steinsalz mit eingepumptem Süßwasser und gewinnt aus der hochgeförderten Sole in geschlossenen Vakuumbehältern feines Salz.

☐ D: Das Meerwasser bleibt in großen offenen Becken stehen, deren Sommerwärme es ohne zusätzliche Beheizung bis zur Kristallbildung verdunsten lässt.

Lösungen

Lösung 1: C – Das dänische Alphabet endet mit Æ, Ø und Å und umfasst 29 Buchstaben. Die drei Zeichen sind eigenständige Buchstaben. Das Å ersetzte bei der Rechtschreibreform von 1948 in gewöhnlichen Wörtern die ältere Schreibweise aa. In Eigennamen blieb aa jedoch erhalten, etwa in Aalborg und Aabenraa. Beim alphabetischen Ordnen wird aa wie å behandelt, wenn die Buchstaben zusammen einen Vokal darstellen. Aabenraa wird deshalb beim Buchstaben Å und nicht bei A einsortiert. In Zusammensetzungen kann aa dagegen zu zwei verschiedenen Silben gehören und wird dann als zweimal a eingeordnet. Norwegisch verwendet dieselben drei zusätzlichen Buchstaben in derselben Schlussreihenfolge.

Lösung 2: D – Die Sturmflut vom Februar 1825 durchbrach Agger Tange. Damit erhielt der Limfjord nach Jahrhunderten erneut einen westlichen Zugang zur Nordsee. Der entstandene Aggerkanal veränderte die Wasserverhältnisse: Salzwasser konnte von Westen eindringen und beeinflusste die Tierwelt und Fischerei. 1862 schuf eine weitere Sturmflut weiter südlich den Thyborønkanal. Der ältere Aggerkanal versandete später wieder. Der Limfjord ist daher heute trotz seines Namens keine einseitig geschlossene Meeresbucht, sondern verbindet die Nordsee mit dem Kattegat. Nördlich liegt Vendsyssel-Thy, das durch diese Wasserverbindung vom übrigen Jütland getrennt ist.

Lösung 3: B – Ole Kirk Christiansen kam aus dem Tischler- und Zimmererhandwerk. 1916 kaufte er mit 24 Jahren eine Werkstatt in Billund. Dort entstanden unter anderem Türen, Fenster, Küchenschränke und Wagenaufbauten; außerdem übernahm er größere Bauarbeiten. 1932 begann er mit der Herstellung von Holzspielzeug. Der spätere Name LEGO wurde aus den dänischen Wörtern „leg godt", also „spiel gut", gebildet. Eine Kunststoffspritzgießmaschine erweiterte später die Produktionsmöglichkeiten. Die heute vertraute Verbindung aus Noppen und inneren Röhren wurde 1958 zum Patent angemeldet. Das Unternehmen entwickelte sich somit über mehrere technische Schritte vom Holzhandwerk zum Baukastensystem.

Lösung 4: A – Vindeby war der erste Windpark auf dem Meer. Seine elf Anlagen stammten vom dänischen Hersteller Bonus und gingen 1991 vor Lolland in Betrieb. Jede Turbine leistete 450 Kilowatt; daraus ergeben sich exakt 4,95 Megawatt Gesamtleistung. Gegen die salzhaltige Umgebung erhielten Türme und Maschinen besondere Schutzbeschichtungen. Entfeuchtungsanlagen begrenzten die Feuchtigkeit im Inneren. Daten gelangten über Glasfaserkabel zur Fernüberwachung. Nach dem Abbau im Jahr 2017 übernahm das Energimuseet eine der Turbinen. Sie wurde dort restauriert und 2023 wieder aufgestellt, sodass ein Original dieser frühen Offshoretechnik erhalten blieb.

Lösung 5: B – Die Nørrebrogade erhielt ihre Grüne Welle durch eine veränderte Abstimmung bestehender Ampeln. Zunächst umfasste die Strecke 13 signalgeregelte Kreuzungen. Als Zieltempo dienten rund 20 Kilometer pro Stunde. Die Signale waren zuvor bereits für den Autoverkehr miteinander verbunden. Morgens begünstigte die Abstimmung Fahrten ins Stadtzentrum, nachmittags die Gegenrichtung. Schilder und Piktogramme machten die neue Regelung sichtbar. Bei der Untersuchung stieg die durchschnittliche Geschwindigkeit der Radfahrenden von 15,5 auf 20,3 Kilometer pro Stunde. Die Auswirkungen auf Autos und Busse blieben dabei begrenzt.

Lösung 6: B – Grundtvigs „lebendiges Wort“ bezeichnet die Bedeutung des gesprochenen Austauschs und der persönlichen Begegnung. Seine Bildungsideen beeinflussten die dänischen Folkehøjskoler, deren erste 1844 in Rødding eröffnet wurde. Diese Einrichtungen verbinden Unterricht mit gemeinsamem Leben und Lernen. Sie sind gewöhnlich Internatsschulen für Erwachsene und vergeben keine akademischen Abschlüsse. Prüfungen stehen nicht im Mittelpunkt ihres Konzepts. Gemeinsames Singen, Geschichte und Sprache gehörten zu den prägenden Elementen der frühen Bewegung. Grundtvig hinterließ dabei keinen starren Stundenplan für sämtliche Schulen. Auch der Pädagoge Christen Kold wirkte an der praktischen Entwicklung dieser Bildungsform mit.

Lösung 7: A – Anna Ancher wurde 1859 als Anna Brøndum in Skagen geboren. Ihre Eltern betrieben den Gasthof, in dem sich zahlreiche Künstler aufhielten. So begegnete sie schon früh Bildern und Gesprächen über Kunst. Ab 1875 besuchte sie die private Malschule Vilhelm Kyhns in Kopenhagen; die dortige Kunstakademie nahm damals keine Frauen auf. Zu ihren Lehrern und späteren Weggefährten gehörte Michael Ancher. Auch nach der Geburt ihrer Tochter Helga im Jahr 1883 malte sie weiter. Besonders häufig beschäftigte sie sich mit Innenräumen und den wechselnden Wirkungen des Lichts. Ihre Werke verbinden Alltagsschilderung mit ausgeprägtem Interesse an Farbe.

Lösung 8: C – In der Risalamande verbirgt sich traditionell eine ganze Mandel; wer sie findet, erhält die „mandelgave“, das Mandelgeschenk. Ein Marzipanschwein ist eine bekannte Form dieses Preises. Das Dessert besteht aus Milchreis, Schlagsahne, gehackten Mandeln, Zucker und Vanille. Es wird kalt gegessen, häufig mit Kirschsoße, die warm oder kalt sein kann. Trotz des französisch klingenden Namens ist die Speise dänisch. Der Name geht auf „riz à l'amande“, Reis mit Mandel, zurück. Am Tisch kann der glückliche Finder die Mandel zunächst verbergen, während die übrigen Gäste weitersuchen und weitere Portionen essen.

Lösung 9: D – Die historischen Dächer Læsøs bestehen aus Seegras, vor allem Zostera marina. Trotz der verbreiteten Bezeichnung als „Tangdächer“ handelt es sich botanisch um eine Blütenpflanze. Das Material wurde nach Winterstürmen am Strand gesammelt. Frauen entwickelten die Decktechnik und arbeiteten dafür in großen Gruppen zusammen. Einzelne Dächer erreichen bis zu zwei Meter Dicke und können mehrere Jahrzehnte, bei guter Erhaltung sogar Jahrhunderte überdauern. Die mächtige Schicht isoliert gegen Kälte und sommerliche Wärme. Für die Hausgerüste nutzte man auch angeschwemmte Hölzer. Die Bauweise gehört zur besonderen Nutzungsgeschichte der Meeresressourcen auf dieser Insel im Kattegat.

Lösung 10: C – Låningsvejen liegt nur ungefähr einen halben Meter über dem Wattboden und verschwindet bei Hochwasser unter dem Meer. Die Gezeitenzeiten verschieben sich von Tag zu Tag. Zusätzlich beeinflusst der Wind den tatsächlichen Wasserstand, weshalb ein Gezeitenkalender allein nicht alle Bedingungen beschreibt. Ausgangspunkt für organisierte Fahrten ist Vester Vedsted auf dem Festland. Besucher können mit einem Traktorbus über das Watt nach Mandø gelangen. Neben Låningsvejen gibt es den Wattweg Ebbevej, dessen Verlauf durch Reisigbündel markiert wird. Die dortige Wattquerung ist ungefähr fünf Kilometer lang.

Lösung 11: B – „Rødgrød med fløde" bedeutet rote Grütze mit Sahne. Für die Fruchtmasse kommen beispielsweise Johannisbeeren, Himbeeren oder Erdbeeren infrage; auch Rhabarber kann verwendet werden. Zucker mildert die Fruchtsäure, Stärke sorgt häufig für die Bindung. Ältere Zubereitungen enthielten dagegen Grütze oder andere Getreidebestandteile, woran der Name erinnert. Die fertige Speise wird abgekühlt serviert. Sie ist eng mit der sommerlichen Beerenernte verbunden und besitzt nahe Verwandte in Norddeutschland. Ihr dänischer Name dient außerdem als spielerische Ausspracheprobe: Gerade die mehrfach auftretenden weichen d-Laute bereiten vielen Lernenden Schwierigkeiten.

Lösung 12: A – Der Ameisenstuhl wurde für die Kantine von Novo entwickelt, einem Vorgängerunternehmen von Novo Nordisk. Fritz Hansen übernahm 1952 die Herstellung. Sitz und Rückenlehne bestehen aus einem zusammenhängend geformten Furnierkörper, für den neun Holzschichten unter Druck geformt werden. Die stark eingezogene „Taille" erklärt den Namen „Ameise", auf Dänisch „Myren". Das ursprüngliche Modell steht auf drei Beinen und lässt sich stapeln. Später kam eine vierbeinige Variante hinzu. Die leichte Konstruktion eignete sich für Räume, in denen viele Menschen essen und in denen das Personal regelmäßig Stühle umstellen oder aufräumen muss.

Lösung 13: A – John Jensen und Kim Vilfort trafen beim 2:0 gegen Deutschland. Das Endspiel fand am 26. Juni 1992 im Ullevi-Stadion in Göteborg statt. Jensen erzielte die Führung in der 18. Minute, Vilfort erhöhte in der 78. Minute. Peter Schmeichel stand im dänischen Tor. Im Halbfinale hatte Dänemark die Niederlande nach einem 2:2 im Elfmeterschießen ausgeschaltet; Schmeichel hielt dabei den Versuch von Marco van Basten. Trainer des Teams war Richard Møller Nielsen. Für Dänemark bedeutete der Erfolg in Schweden den ersten Titel bei einer Fußball-Europameisterschaft der Männer.

Lösung 14: A – Kierkegaards Pseudonyme sind Teil einer indirekten Schreibweise, die unterschiedliche Lebenshaltungen miteinander ins Gespräch bringt. In „Entweder – Oder" von 1843 tritt Victor Eremita als fiktiver Herausgeber auf. Das Werk stellt ästhetische und ethische Lebensauffassungen gegenüber. „Furcht und Zittern" erschien unter dem Namen Johannes de Silentio. Die im selben Jahr veröffentlichte Schrift „Die Wiederholung" wird Constantin Constantius zugeschrieben. Gleichzeitig publizierte Kierkegaard erbauliche Reden unter seinem eigenen Namen. Die Unterscheidung dieser Stimmen ist für die Lektüre entscheidend: Eine Figur kann eine Position erproben oder problematisieren, ohne dadurch zum unmittelbaren Sprachrohr des Autors zu werden.

Lösung 15: D – Danablu ist ein dänischer Blauschimmelkäse aus Kuhmilch. Bei seiner Entwicklung im frühen 20. Jahrhundert spielte der Käser Marius Boel eine wichtige Rolle; als Vorbild diente der französische Roquefort. Die Schimmelkultur Penicillium roqueforti bildet im Käseteig die charakteristischen blauen Adern. Damit Sauerstoff ins Innere gelangt, werden die Laibe mit Nadeln angestochen. Diese Luftkanäle lassen sich häufig noch im Anschnitt erkennen. Der Käse schmeckt kräftig und salzig und besitzt eine cremige bis leicht bröckelige Struktur. Er wird auf Brot gegessen, kann aber ebenso Salate oder Soßen würzen. Die Reifung dauert typischerweise mehrere Wochen.

Lösung 16: B – Universal Robots wurde 2005 gegründet und machte kollaborierende Roboterarme, häufig „Cobots" genannt, zu seinem Schwerpunkt. Die drei Gründer Esben Østergaard, Kasper Støy und Kristian Kassow hatten sich an der Süddänischen Universität kennengelernt. 2008 brachte das Unternehmen den UR5 auf den Markt, einen Roboterarm mit sechs Gelenken. Zu den ersten Absatzmärkten gehörten Dänemark und Deutschland. Solche Arme können wiederkehrende Handgriffe wie das Aufnehmen und Ablegen von Teilen übernehmen. Weitere Anwendungen sind Maschinenbeschickung, Montage und Verpackung. Unterschiedliche Greifer oder Werkzeuge ermöglichen verschiedene Aufgaben. Odense entwickelte sich zum zentralen Standort des Unternehmens.

Lösung 17: C – Die feste Öresundverbindung führt von Amager durch den Drogdentunnel auf die künstliche Insel Peberholm und anschließend über die Brücke nach Schweden. Sie wurde am 1. Juli 2000 eröffnet und verbindet die Räume Kopenhagen und Malmö. Der Tunnel ist rund vier Kilometer lang, der Brückenzug knapp acht Kilometer. Die Brücke trägt eine vierspurige Straße und zwei Eisenbahngleise auf unterschiedlichen Ebenen. Ihr hoher Mittelteil ist eine Schrägseilkonstruktion. Der Tunnel auf dänischer Seite hält unter anderem den Anflugbereich des Flughafens Kastrup frei. Peberholm wurde eigens für den Übergang zwischen Tunnel und Brücke aufgeschüttet.

Lösung 18: B – Der Broholmer ist ein großer Hund vom Mastifftyp mit dänischem Ursprung. Sein Name verweist auf Broholm und die dortige Förderung der Zucht durch Sehested. Früher bewachte er größere Höfe und Gutshäuser. Der Rassestandard beschreibt ein ruhiges, freundliches und zugleich wachsames Wesen. Rüden erreichen ungefähr 75 Zentimeter Widerristhöhe, Hündinnen etwa 70 Zentimeter. Das kurze, anliegende Haar besitzt Unterwolle. Der Körper ist eher rechteckig als quadratisch. Nachdem die Population stark zurückgegangen war, begannen engagierte Züchter um 1975 mit Unterstützung des dänischen Kennelklubs, die Rasse wieder aufzubauen.

Lösung 19: D – „Rav" ist das dänische Wort für Bernstein; eine „ravjagt" ist entsprechend eine Bernsteinsuche. Auf Fanø wird das Material an den breiten Nordseestränden gefunden. Bernstein entstand aus Baumharz und ist somit organischen Ursprungs. Eingeschlossene Insekten oder Pflanzenteile können aus der Zeit stammen, als das Harz noch klebrig war. Strandfunde besitzen häufig eine verwitterte Oberfläche und müssen keineswegs klar durchsichtig aussehen. Die Suche lohnt sich zwischen angeschwemmten Pflanzenresten und anderem Treibgut. Stürme und Meeresströmungen transportieren solche Funde an den Strand. Zur kalten Jahreszeit sind die Bedingungen häufig günstiger als im Sommer.

Lösung 20: A – Das Eis dieser Eisberge geht auf Schnee zurück, der sich auf dem Inlandeis über lange Zeit zu Gletschereis verdichtet hat. Der Sermeq Kujalleq ist ein Auslassgletscher des grönländischen Eisschilds. Er transportiert Eis zum Ilulissat-Eisfjord, wo es beim sogenannten Kalben in große Stücke zerbricht. Der Fjord liegt an Grönlands Westküste, ungefähr 250 Kilometer nördlich des Polarkreises. Sein Eis erreicht die Diskobucht. Der Gletscher gehört zu den besonders schnell fließenden Eisströmen der Erde. Seit mehr als zwei Jahrhunderten wird die Gegend wissenschaftlich untersucht und liefert wichtige Erkenntnisse über Gletscherbewegungen und frühere Klimaverhältnisse. 2004 wurde der Eisfjord Weltnaturerbe. Die genaue Fließgeschwindigkeit und die jährlich abgegebene Eismenge verändern sich mit der Zeit.

Lösung 21: D – Das Janteloven stammt aus Sandemoses Roman „Ein Flüchtling kreuzt seine Spur“ von 1933. Darin wächst Espen Arnakke in der erfundenen dänischen Kleinstadt Jante auf. Zehn wiederkehrende Gebote beschreiben den Druck, sich nicht für etwas Besonderes zu halten. Die zugespitzte Form ist kritisch und satirisch gemeint. Für das Stadtbild dienten Erinnerungen an Sandemoses Geburtsort Nykøbing Mors als Vorbild. Die dargestellten menschlichen Verhaltensweisen wollte der Autor jedoch nicht auf diesen Ort begrenzen. Später löste sich der Ausdruck weitgehend vom Roman und wurde zu einem verbreiteten Begriff für die Spannung zwischen Gemeinschaftserwartungen und individueller Entfaltung.

Lösung 22: B – Eine Smørrebrødsjomfru ist eine Fachkraft für das Zubereiten und Anrichten von Smørrebrød und ähnlichen Speisen. Die Bezeichnung entspricht ungefähr der deutschen Kaltmamsell. „Smør“ bedeutet Butter, „brød“ Brot. Häufig bildet dunkles Roggenbrot die Grundlage; bestimmte Beläge werden aber auch auf Weißbrot angerichtet. Zu den klassischen Zutaten gehören eingelegter Hering, Roastbeef, Leberpastete, Ei und Garnelen. Üppig belegte Varianten isst man gewöhnlich mit Messer und Gabel. Die einfachere, aus der Hand gegessene Brotscheibe heißt „håndmad“. Hinter dem vermeintlich schlichten Butterbrot steckt somit eine ausgeprägte Küchenpraxis mit eigenen Bezeichnungen und überlieferten Kombinationen.

Lösung 23: A – Die Musikregel von Dogme 95 verlangt, dass Musik am aufgenommenen Schauplatz vorhanden ist. Sie gehört damit zur Szene, etwa als dort gespielte Musik, und wird nicht nachträglich zur gefühlslenkenden Untermalung ergänzt. Lars von Trier und Thomas Vinterberg formulierten das Manifest 1995. Sein „Keuschheitsgelübde“ enthält zehn Regeln. Dazu gehören das Drehen an vorhandenen Schauplätzen, der Einsatz einer Handkamera und der Verzicht auf optische Nachbearbeitung und Filter. Auch sollte der Regisseur nicht im Abspann genannt werden. Thomas Vinterbergs „Das Fest“ von 1998 wurde als erster Dogme-Film bekannt und gewann in Cannes den Preis der Jury.

Lösung 24: C – Noma ist eine Verkürzung von „nordisk mad“, also nordischem Essen. René Redzepi und Claus Meyer eröffneten das Restaurant 2003 in Kopenhagen. Der erste Standort lag in einem alten Speicher an der Strandgade im Stadtteil Christianshavn. Der Speicher gehörte zu einem historischen Handelsplatz für Waren aus dem Nordatlantik. Die Küche beschäftigte sich intensiv mit regionalen Zutaten, Wildpflanzen und jahreszeitlichen Veränderungen. Auch Fermentation wurde zu einem wichtigen Arbeitsgebiet. 2010, 2011, 2012, 2014 und 2021 stand Noma auf Platz eins der Liste „The World’s 50 Best Restaurants“. Diese Auszeichnung ist von den Sternen des Guide Michelin zu unterscheiden.

Lösung 25: C – Im Jahr 2000 fand Eliza Jarl Estrup während eines geologischen Geländekurses einen Raubdinosaurierzahn bei Robbedale auf Bornholm. Die Zahnkrone ist gut zwei Zentimeter lang, gebogen und fein gezähnelt. Der Fund stammt aus der Jydegaard-Formation und gehört in die frühe Kreidezeit. 2003 wurde darauf die wissenschaftliche Beschreibung von Dromaeosauroides bornholmensis gegründet. Der Artname verweist auf Bornholm, während der Gattungsname die Ähnlichkeit mit Dromaeosaurus ausdrückt. 2008 kam ein weiterer passender Zahn hinzu. Später wurden auf Bornholm auch andere Dinosaurierreste und Fährten entdeckt; der ursprüngliche Fund blieb deshalb keineswegs der einzige Nachweis.

Lösung 26: B – Rugbrød ist ein Roggenbrot, dessen Sauerteig Geschmack, Teiglockerung und Konsistenz beeinflusst. Eine schlichte Variante besteht aus Roggenmehl, Wasser, Salz und Sauerteig. Andere Rezepte enthalten gebrochene Roggenkörner oder Kürbiskerne. Die Körner werden häufig vorgequollen. Der recht feuchte Teig erhält durch die Backform Halt. Ein zurückbehaltener Teil des Ansatzes lässt sich für spätere Brote weiterführen. Zu lange Gare kann Hohlräume unter der Kruste verursachen. Dünne Scheiben bilden außerdem die Grundlage vieler dänischer Smørrebrød.

Lösung 27: D – Brahes Präzisionsarbeit entstand vor dem astronomischen Einsatz des Fernrohrs. Auf der Öresundinsel Ven gehörten Uraniborg und die tiefer gelegene Sternwarte Stjerneborg zu seinem Forschungszentrum. Große Instrumente erleichterten das genaue Ablesen kleiner Winkel. Geschützte Aufstellungen verringerten störende Einflüsse des Windes. Brahe hatte 1572 einen neuen hellen Stern im Sternbild Kassiopeia beobachtet und darüber das Buch „De stella nova" veröffentlicht. Johannes Kepler wurde später sein Mitarbeiter. Brahes umfangreiche Beobachtungsdaten halfen Kepler, die Bewegung der Planeten neu zu beschreiben.

Lösung 28: B – Die Bildsteine von Vasagård sind überwiegend kleine Schieferplatten; viele wurden als Bruchstücke gefunden. Ausgrabungen von 2013 bis 2018 erbrachten 614 gravierte Stücke und Fragmente. Nur ein Teil trägt sonnenähnliche Motive, andere zeigen etwa pflanzenartige Muster. Die Niederlegung erfolgte in Gräben der Anlage um 2900 vor unserer Zeitrechnung. Damals lebten auf Bornholm jungsteinzeitliche Ackerbauern. Forschende deuten die Fundumstände als rituelle Niederlegung. Ein Zusammenhang mit einer vulkanisch verursachten Verdunkelung der Sonne ist eine wissenschaftliche Hypothese; die Absichten der damaligen Menschen sind nicht unmittelbar nachweisbar.

Lösung 29: C – Råbjerg Mile ist eine aktive Wanderdüne im Norden Jütlands. Sie enthält ungefähr vier Millionen Kubikmeter Sand. Ihre höchsten Bereiche reichen etwa 40 Meter über den Meeresspiegel. Vorherrschende Winde treiben die Düne überwiegend nach Nordosten; die jährliche Strecke schwankt und liegt im Mittel ungefähr bei 15 Metern. Sand wird auf der Windseite aufgenommen und auf der steileren Leeseite wieder abgelagert. Die Düne entstand ursprünglich näher an der Westküste. Während viele andere Flugsandgebiete durch Bepflanzung befestigt wurden, darf sich diese Dünenlandschaft weiterhin verlagern.

Lösung 30: D – Der Fischton markiert an Stevns Klint die Grenze zwischen Kreidezeit und Paläogen vor rund 66 Millionen Jahren. In der schmalen Schicht ist das seltene Element Iridium angereichert. Der zugehörige Einschlagskrater Chicxulub liegt im Bereich der mexikanischen Halbinsel Yucatán. Die hellen Gesteine darunter und darüber entstanden in einem Meer. Ihre Fossilien dokumentieren Lebensgemeinschaften vor dem Massenaussterben und die spätere Erholung. Der Name Fischton bezieht sich auf enthaltene Fischreste. Das Kliff im Südosten Seelands wurde 2014 in die UNESCO-Welterbeliste aufgenommen.

Lösung 31: B – Frederiksberg verband 1903 die Abfallentsorgung mit der Versorgung benachbarter Gebäude. Zur neuen Verbrennungsanlage gehörte eine Nutzung von Dampf für die Stromerzeugung. Wärme gelangte durch Rohre und Tunnel zum Krankenhaus; auch ein Waisenhaus und ein Armenhaus wurden versorgt. Der Komplex lag an der Nyelandsvej. Entworfen hatte ihn der Architekt Heinrich Wenck, der auch für Bahnhofsgebäude bekannt ist. Erhaltene Teile wurden später als Keddelhallen für Sport und Kultur umgenutzt. Ein hoher Backsteinschornstein erinnert an die frühere industrielle Verwendung.

Lösung 32: B – Auf Tivolis Rutschebanen gehört ein mitfahrender Bremser zum historischen Betriebskonzept. Die Bahn wurde 1914 eröffnet und ist eine Holzachterbahn. Ein Kettenaufzug bringt den Zug auf die erste Anhöhe; bei den folgenden Abfahrten sorgt die Schwerkraft für Bewegung. Die Strecke führt durch eine künstliche Berglandschaft mit dunklen Passagen. Anders als bei den meisten heutigen Achterbahnen ist das Bremsen hier sichtbar eine Aufgabe an Bord. Tivoli selbst öffnete bereits 1843 in Kopenhagen und war damit schon Jahrzehnte vor dem Bau dieser Bahn ein Vergnügungspark.

Lösung 33: A – Beim ristet hotdog bilden gebratene Wurst, mehrere Saucen, Zwiebeln und eingelegte Gurken die klassische Kombination. „Ristet" weist auf die gebratene Zubereitung hin. Die Verkaufswagen heißen pølsevogne und gehören zur dänischen Imbisskultur. Neben Grillwürsten werden dort auch rote, im Wasser erhitzte Würste angeboten. Rohe Zwiebeln und Röstzwiebeln liefern unterschiedliche Konsistenzen. Die Gurkenscheiben bringen eine süßsaure Komponente mit. Eine andere verbreitete Variante ist der fransk hotdog: Dafür wird die Wurst in ein längliches, ausgehöhltes Brotstück gesteckt. Einzelne Stände variieren ihre Zusammenstellung.

Lösung 34: A – Wienerbrød wird aus einem tourierten Hefeteig hergestellt: Zwischen Teigschichten liegen dünne Fettlagen. Anders als klassischer Blätterteig enthält diese Teigart Hefe. Während der Herstellung helfen Kühlpausen, die Schichten voneinander getrennt zu halten. Der dänische Name bedeutet „Wiener Brot" und verweist auf die Verbindung zur österreichischen Backtradition. In anderen Ländern heißt die Gebäckfamilie wiederum „Danish". Der Spandauer trägt typischerweise eine süße Füllung in seiner Mitte. Auch Zimtschnecken können aus Wienerbrødteig entstehen. Die Varianten unterscheiden sich in Form, Füllung und Glasur.

Lösung 35: D – Die Badequalität des Hafenwassers kann nach starken Niederschlägen durch Abwasserüberläufe beeinträchtigt sein. Deshalb gehört die Überwachung der Wasserqualität zum Betrieb der Hafenbäder. Solche Anlagen liegen mitten im Stadtgebiet, etwa an Islands Brygge und Fisketorvet. Das erste Hafenbad an Islands Brygge öffnete 2002; die dauerhafte Anlage folgte 2003. Verbesserte Abwasserbehandlung und Rückhalteanlagen halfen, den Hafen zum Badeort zu machen. Schwimmer nutzen dort abgegrenzte Bereiche des tatsächlichen Hafenwassers. Bei einer zeitweiligen Sperrung entscheidet die Wasserqualität über die erneute Freigabe.

Lösung 36: B – Rask untersuchte systematische Entsprechungen statt bloß zufälliger Wortähnlichkeiten. Seine Untersuchung über den Ursprung des Altnordischen beziehungsweise Isländischen wurde 1818 veröffentlicht. Schon 1811 hatte er eine Grammatik dieser Sprache vorgelegt. Er hielt sich zu Forschungszwecken mehrere Jahre auf Island auf. Weitere Reisen führten ihn durch Russland und Persien bis nach Indien. Dabei beschäftigte er sich unter anderem mit Sanskrit, Pali und Avestisch. Gesammelte Handschriften gelangten an die Kopenhagener Universitätsbibliothek, an der Rask auch selbst als Bibliothekar arbeitete.

Lösung 37: C – Amager Bakke verbindet Abfallverwertung mit dem Freizeitangebot CopenHill. Die Anlage erzeugt aus nicht recycelbarem Abfall Strom und Fernwärme. Das Architekturbüro BIG entwickelte die markante Bauform. Auf dem Dach lässt sich auf einem künstlichen Belag ohne natürlichen Schnee Ski fahren. Daneben führen Wege bergauf und bieten Ausblicke über Kopenhagen. Eine Kletterwand befindet sich an der Außenfassade des Gebäudes. Das Freizeitareal wurde 2019 eröffnet. Die Nutzungen liegen räumlich übereinander, sodass ein technisches Großgebäude zugleich ein öffentlich zugänglicher Ausflugsort sein kann.

Lösung 38: C – Bournonvilles Stil verlangt flinke Fußarbeit und technische Präzision, die auf der Bühne mühelos erscheinen sollen. Er war in der französischen Balletttradition ausgebildet worden. Beim Königlich Dänischen Ballett wirkte er zunächst als Solist und leitete die Compagnie später über Jahrzehnte. Seine Bühnenwerke verbinden Tanz mit Pantomime und deutlich gestalteten Figuren. „Napoli" entstand 1842 und enthält im dritten Akt eine bekannte Tarantella. Die überlieferte Unterrichtstradition beeinflusste auch die amerikanische Ballettausbildung, unter anderem durch den aus Dänemark kommenden Lehrer Stanley Williams.

Lösung 39: D – Bakkens Geschichte ist mit Kirsten Piils Quelle verbunden. Einer Überlieferung zufolge entdeckte ein junges Mädchen die Quelle 1583; auf dieses Jahr bezieht sich die Altersangabe des Parks. Besucher suchten das als heilkräftig geltende Wasser auf. Hinter der Quelle siedelten sich Gastwirte und Schausteller mit ihren Zelten an. Der Park liegt im Waldgebiet Dyrehaven bei Klampenborg. Zur späteren Unterhaltungstradition gehört die weiß geschminkte Figur Pjerrot. Eine hölzerne Achterbahn kam 1932 hinzu. Der Ursprung als Ausflugs- und Unterhaltungsort liegt damit lange vor den modernen Fahrgeschäften.

Lösung 40: A – Bohr verband das Kernmodell des Atoms mit der Annahme bestimmter erlaubter Energien. Damit konnte er die Spektrallinien des Wasserstoffs erklären. In seinem Modell strahlt ein Elektron auf einer erlaubten Bahn keine Energie ab. Beim Übergang auf ein niedrigeres Niveau wird Licht mit einer bestimmten Frequenz frei. Die erforderliche Energie für den umgekehrten Übergang ist gleich groß. Das Modell liefert auch für Ionen mit nur einem Elektron brauchbare Ergebnisse. Atome mit mehreren Elektronen beschreibt es dagegen unzureichend. Die spätere Quantenmechanik ersetzte die Vorstellung genau festgelegter Elektronenbahnen.

Lösung 41: B – Samsøs frühe Kartoffeln verdanken ihren Vorsprung dem milden Klima, passenden Standorten und sorgfältiger Anbauplanung. Das umgebende Meer mildert die Wintertemperaturen. Landwirte wählen besonders günstige Flächen und lassen Pflanzkartoffeln vorkeimen. Früher dienten dafür oft warme Kuhställe. Eine historisch bedeutende Sorte hieß „Sydens Dronning", also „Königin des Südens". Sie verbreitete sich im frühen 20. Jahrhundert auf der Insel. Die empfindliche frühe Ernte erforderte zügigen Transport zu den Absatzmärkten. Kartoffeln wurden auf Samsø jedoch schon im 19. Jahrhundert über den eigenen Bedarf hinaus angebaut.

Lösung 42: A – „Seven Gothic Tales" erschien 1934 unter dem Pseudonym Isak Dinesen. Die amerikanische Schriftstellerin Dorothy Canfield Fisher hatte sich für die Veröffentlichung eingesetzt. Blixen schrieb auch dänische Fassungen ihrer Texte; der dänische Titel dieses Bandes lautet „Syv fantastiske Fortællinger". Ihr Erinnerungsbuch „Out of Africa" folgte 1937 und verarbeitet das Leben auf einer Kaffeefarm in Kenia. Zu den Erzählungen des früheren Bandes gehören Geschichten mit Schauplätzen auf Norderney und in Helsingør. Blixen verwendete mehrere Autorennamen: Pierre Andrézel gehört zu ihrem Roman „The Angelic Avengers".

Lösung 43: C – Hjeddings Molkerei nutzte eine Maglekilde-Zentrifuge und ein Butterfass mit Dampfantrieb. Sie nahm am 10. Juni 1882 ihren Betrieb auf und gilt als erste genossenschaftliche Molkerei Dänemarks. Ihr Standort liegt bei Ølgod in Westjütland. Die Bauern verarbeiteten ihre Milch nun mit gemeinsam genutzter Technik. Die Satzung wurde für spätere Molkereigenossenschaften zum Vorbild. Mit der Zentrifuge ließ sich Rahm mechanisch abtrennen, statt ihn langsam aufsteigen zu lassen. Der historische Betrieb ist als Museum erhalten; die Räume und Maschinen zeigen die frühe Ausstattung in ihrem überschaubaren Maßstab.

Lösung 44: A – Utzons Lösung leitete die Dachformen aus Abschnitten einer gemeinsamen Kugel ab. Die wiederkehrende Geometrie erleichterte die Vorfertigung der Betonrippen und die Anordnung der Außenverkleidung. Zuvor hatte sein Team unter anderem parabolische und ellipsoidische Formen untersucht. Im Januar 1962 erläuterte das „Yellow Book“ die gefundene Konstruktion mit Plänen und Schnitten. Die Keramikfliesen wurden mit dem schwedischen Hersteller Höganäs entwickelt. Mehr als eine Million Fliesen bedecken die Dächer. Ihre Oberfläche sollte hell wirken, aber keine störenden Spiegelreflexe erzeugen. Utzon arbeitete bei der baulichen Entwicklung mit dem Ingenieurbüro Arup zusammen.

Lösung 45: A – Nielsens vierte Sinfonie verwendet zwei Paukengruppen, deren Gegenüberstellung im Finale besonders auffällt. Das Werk wurde 1916 vollendet und trägt die Opuszahl 29. Sein dänischer Titel lautet „Det Uudslukkelige“. Die vier Abschnitte gehen ohne die üblichen Satzpausen ineinander über. Der zweite Abschnitt ist stark von Holzbläsern geprägt, der dritte beginnt mit einer weit gespannten Violinenmelodie. Am Schluss setzt sich E-Dur durch. Mit dem Titel verband Nielsen die Vorstellung eines elementaren Lebenswillens. Die zusätzliche Paukengruppe erweitert dabei die räumliche und klangliche Wirkung des Orchesters.

Lösung 46: C – Ørsted zeigte, dass elektrischer Strom eine magnetische Wirkung besitzt. Die Kompassnadel reagierte auf das Feld um den stromdurchflossenen Draht. Wird die Stromrichtung umgekehrt, kehrt sich auch die Richtung des erzeugten Feldes um. Ørsted stammte aus Rudkøbing auf Langeland und hatte im Labor seines Vaters praktische chemische Erfahrungen gesammelt. Seine Veröffentlichung von 1820 verbreitete die Entdeckung in der Fachwelt. André-Marie Ampère entwickelte darauf aufbauend die Erforschung stromdurchflossener Leiter weiter. Die Erzeugung von Strom durch ein veränderliches Magnetfeld wurde später durch Michael Faradays Induktionsversuche bekannt.

Lösung 47: B – Das Fassschlagen gehört zu Fastelavn, einem Fest vor dem Beginn der christlichen Fastenzeit. Sein Termin richtet sich nach Ostern und kann deshalb im Februar oder März liegen. Kinder verkleiden sich und schlagen abwechselnd auf ein aufgehängtes Fass. Heute enthält es Süßigkeiten und häufig ist eine Katze darauf gemalt. Beim Spiel werden die Titel kattekonge und kattedronning vergeben; die Einzelregeln können variieren. Zum Fest gehören außerdem Fastelavnsboller, süßes Gebäck mit unterschiedlichen Füllungen. Bunte, geschmückte Zweige heißen fastelavnsris und gehören ebenfalls zur Festtradition.

Lösung 48: A – Schafwolle ist das zentrale Material der färöischen Stricktradition. Die heimischen Schafe besitzen ein Vlies mit feinerer Unterwolle und gröberen Außenhaaren. Ihre natürlichen Farben reichen von hellen bis zu dunklen Tönen und lassen sich in Mustern kombinieren. Neben Pullovern werden auch Strümpfe und Schultertücher gestrickt. Das Sprichwort „Ull er Føroya gull" bezeichnet Wolle als das Gold der Färöer. Handwerkliches Wissen wird in Familien und lokalen Gemeinschaften weitergegeben. Neuere färöische Modeunternehmen greifen die Wolltradition auf und entwickeln daraus zeitgenössische Kleidung.

Lösung 49: C – Thorvaldsen gehört zu den bedeutenden Bildhauern des europäischen Klassizismus. Seine Formen orientieren sich vielfach an der griechischen und römischen Antike. Er verbrachte einen großen Teil seines Arbeitslebens in Rom und kehrte 1838 nach Kopenhagen zurück. Das nach Plänen von Michael Gottlieb Bindesbøll errichtete Museum eröffnete 1848. Dort werden neben Marmorskulpturen auch Gipsmodelle gezeigt. Hinzu kommen von Thorvaldsen gesammelte Gemälde und antike Gegenstände. Seine Grabstätte liegt im Innenhof. Der farbige Außenfries des Museums schildert seine Rückkehr und den Transport der Kunstwerke.

Lösung 50: A – Der Stød ist eine Eigenschaft der Stimmgebung, die häufig als kurzer knarrender Klang wahrgenommen wird. Er kann Bedeutungen unterscheiden: „mand" bedeutet Mann und trägt Stød, „man" entspricht dem deutschen unpersönlichen „man" und hat keinen. Ein vollständiger Verschluss im Kehlkopf ist dabei nicht zwingend nötig. Das Merkmal erscheint vor allem in bestimmten betonten Silben. Nicht alle dänischen Dialekte verwenden es. Eine bekannte Stød-Grenze verläuft quer durch Seeland zwischen Dybsø Fjord und Præstø Fjord. An dieser Grenze können lokale Aussprachen mit und ohne Stød nebeneinander vorkommen.

Lösung 51: C – Die Dampfschifffahrtsgesellschaft Svendborg wurde am 16. April 1904 auf Fünen gegründet. Die Initiative ging von A. P. Møller aus; sein Vater brachte langjährige Erfahrung auf See mit. Peter Mærsk Møller hatte bereits 1886 den Dampfer Laura erworben. Anfangs arbeitete die neue Gesellschaft in der Trampschifffahrt: Ladungsangebote bestimmten die Reisen, feste Fahrpläne gab es dabei nicht. 1912 gründete A. P. Møller eine zweite Dampfschifffahrtsgesellschaft. Der erste eigene Liniendienst folgte 1928 und verband die USA mit Japan und den Philippinen. Den vollständig auf Container umgestellten Liniendienst startete Maersk 1975.

Lösung 52: B – Der Osttunnel ist 8.024 Meter lang und besitzt zwei getrennte Röhren mit jeweils einem Gleis. Zwischen ihnen liegen 31 Querverbindungen. Die Bahnverbindung wurde am 1. Juni 1997 eröffnet; die Autobahn folgte am 14. Juni 1998. Westlich von Sprogø fahren dagegen sowohl Autos als auch Züge über Brücken nach Fünen. Die Ostbrücke besitzt eine Hauptspannweite von 1.624 Metern. Für Schiffe bleiben darunter 65 Meter Durchfahrtshöhe.

Lösung 53: C – Der Møllehøj erreicht 170,86 Meter. Seine Spitzenposition wurde durch neue Messungen im Februar 2005 bestätigt. Der natürliche Boden des Yding Skovhøj liegt lediglich neun Zentimeter niedriger; dessen Grabhügel darf beim Vergleich nicht mitgerechnet werden. Der Ejer Bavnehøj bleibt 51 Zentimeter unter dem Møllehøj. Auf dessen Gipfel markiert ein Mühlstein den höchsten Punkt. Er erinnert an die Windmühle, die dort von 1838 bis 1917 stand. Die Erhebung gehört zu den Ejerbjerge und liegt in der Gemeinde Skanderborg.

Lösung 54: D – Am 27. Januar 2019 gewann Dänemark in Herning mit 31:22 gegen Norwegen. Austragungsort war die Jyske Bank Boxen, in der mehr als 15.000 Zuschauer das Finale verfolgten. Schon zur Pause stand es 18:10. Trainer der Mannschaft war Nikolaj Jacobsen. Torwart Niklas Landin wehrte im Endspiel 39 Prozent der Würfe auf sein Tor ab. Dänemark gewann sämtliche Spiele dieses Turniers. Die Weltmeisterschaft wurde gemeinsam mit Deutschland ausgerichtet. Bereits 2016 hatten die dänischen Männer olympisches Gold gewonnen.

Lösung 55: A – Poul-Erik Høyer Larsen besiegte den Chinesen Dong Jiong im Finale von Atlanta. Er wurde damit der erste nichtasiatische Olympiasieger im Badminton. Høyer Larsen wurde 1965 in Esbønderup geboren. Er nahm zwischen 1992 und 2000 an drei Olympischen Spielen teil und erreichte bereits in Barcelona das Viertelfinale. Bei Weltmeisterschaften gewann er 1995, 1997 und 1999 jeweils Bronze im Einzel. Nach den Spielen von Sydney beendete er seine internationale Laufbahn. Seine Olympiamedaille blieb ein besonderer Höhepunkt der dänischen Badmintongeschichte.

Lösung 56: D – Krogh wurde für die Entdeckung eines Regulationsmechanismus der Kapillaren ausgezeichnet. Diese feinsten Blutgefäße untersuchte er im Zusammenhang mit dem Sauerstoffbedarf arbeitender Muskeln. Geboren wurde er 1874 in Grenå; sein Vater arbeitete als Schiffbauer. Ab 1897 forschte Krogh im Labor des Physiologen Christian Bohr in Kopenhagen. Er entwickelte präzise Geräte zur Untersuchung von Blutgasen. Viele Arbeiten entstanden gemeinsam mit seiner Frau Marie. Zu seinen weiteren technischen Entwicklungen gehörte ein verbessertes Fahrradergometer. Auch nach seiner Pensionierung 1945 setzte er die Forschung in einem eigenen Labor fort.

Lösung 57: B – Veranstalter ist der Verein Foreningen Roskilde Festival. Überschüsse werden für gemeinnützige Zwecke gespendet; die Spendentätigkeit begann 1972. Das Festival selbst fand erstmals 1971 statt. Gefördert werden insbesondere Projekte für Kinder und Jugendliche. Freiwillige übernehmen zahlreiche Aufgaben, etwa beim Aufbau, an Verkaufsständen und auf den Campingflächen. Zum Programm gehören neben Musik auch Kunst und gemeinschaftliche Aktivitäten. Die Nachwuchsförderung umfasst zudem Formate außerhalb der Festivaltage. Damit verbindet das Organisationsmodell ein großes Kulturereignis mit dauerhaft angelegter Unterstützung anderer Initiativen.

Lösung 58: A – Andersen war auch ein begeisterter Scherenschneider. Ein um 1864 entstandenes Werk bewahrt das Metropolitan Museum in New York. Dafür faltete er einen großen Papierbogen dreimal und schnitt anschließend eine zusammenhängende Fantasiewelt aus. Zu sehen sind unter anderem Masken, Pierrots, Balletttänzer, Engel und Schwäne. Einige Motive wiederholen sich spiegelbildlich durch die Faltung. Die Arbeit trägt den Titel „A Fully Cut Fairy Tale“. Häufig schnitt Andersen solche Bilder aus, während er Freunden und deren Kindern Geschichten erzählte. Seine Papierkunst eröffnet damit einen unmittelbaren Zugang zu seiner bildnerischen Vorstellungskraft.

Lösung 59: D – Æbleskiver werden in einer besonderen Pfanne mit runden Vertiefungen gebacken. Ihr Name bedeutet wörtlich „Apfelscheiben“, obwohl viele heutige Rezepte ohne Apfel auskommen. Der Teig enthält gewöhnlich Mehl, Eier und Milch oder Buttermilch. Durch wiederholtes Drehen entsteht die typische annähernd kugelige Form. Außen ähneln sie Pfannkuchen, innen sind sie locker. Besonders in der Weihnachtszeit werden sie warm serviert, häufig mit Puderzucker und Konfitüre. Als Getränk passt dazu traditionell Gløgg, der gewürzte skandinavische Glühwein. Die kleinen Gebäcke gehören damit zur dänischen Adventsküche.

Lösung 60: B – Die Spiralrampe ist der Hauptweg durch den Rundetårn. Sie erschließt auch den Bibliothekssaal und den Glockenboden. Der Turm wurde 1642 vollendet und gehört zum Trinitatis-Komplex in Kopenhagen. Über dem benachbarten Kirchenraum lag einst die Universitätsbibliothek; die Sternwarte befindet sich oben auf dem Turm. Die Aussichtsplattform liegt 34,8 Meter über der Straße. Der zentrale Schacht ist hohl und vom Rampengang aus zugänglich. Die verbreitete Vorstellung einer durchgehend stufenlosen Verbindung bis ganz nach oben stimmt allerdings nicht: Am Ende folgen schmale Treppen.

Lösung 61: D – Rømer arbeitete am Pariser Observatorium. Wenn sich die Erde vom Jupiter entfernte, traf das Licht der Io-Verfinsterungen später ein. Für eine Verfinsterung am 9. November 1676 sagte er eine Verzögerung von ungefähr zehn Minuten voraus. Der französischen Akademie stellte er sein Ergebnis am 21. November vor. Ein Bericht erschien am 7. Dezember im „Journal des sçavans“. Eine englische Übersetzung folgte 1677 in den „Philosophical Transactions“. Christiaan Huygens nutzte die Lichtlaufzeit später für eine erste numerische Geschwindigkeitsangabe, die mit etwa 230.000 Kilometern pro Sekunde noch zu niedrig lag.

Lösung 62: D – Elsinore ist die englische Namensform von Helsingør. Mit dem dortigen Kronborg verbindet sich Shakespeares „Hamlet“, entstanden um 1600. Das Schloss liegt am nordöstlichen Ende Seelands direkt am Øresund. Es gehört zu den bedeutenden Renaissancebauten Nordeuropas und wurde 2000 in die UNESCO-Welterbeliste aufgenommen. 1816 fand dort erstmals eine Hamlet-Aufführung statt. Seitdem kehrten verschiedene Inszenierungen an diesen Ort zurück. Ob Shakespeare selbst Kronborg besuchte, ist nicht belegt. Die Verbindung von realem Bauwerk und dramatischem Schauplatz prägt seine internationale Bekanntheit.

Lösung 63: D – Strøget ist ein Sammelname und bereits seit dem 19. Jahrhundert gebräuchlich. Die etwa 1,1 Kilometer lange Verbindung reicht vom Rathausplatz bis zum Kongens Nytorv. Zu ihr gehören unter anderem Frederiksberggade, Nygade, Vimmelskaftet und Østergade. Auch Gammeltorv und Amagertorv zählen dazu. Am Amagertorv steht der bekannte Storchenbrunnen. Dieser Platz ist außerdem ein Treffpunkt für Straßenkünstler, darunter Musiker und Akrobaten. Die Geschäfte entlang der Strecke reichen von preisgünstigen Ketten bis zu internationalen Designermarken. Gerade die Abfolge unterschiedlicher Straßen macht den Charakter dieser Einkaufsachse aus.

Lösung 64: C – Der Schnurrock ist eines der auffälligsten Kleidungsstücke dieses Fundes. Das Mädchen wurde im Sommer 1370 vor unserer Zeitrechnung in einem Eichenstammsarg beigesetzt. Der Grabhügel lag bei Egtved westlich von Vejle. Entdeckt wurde die Bestattung 1921. Die Zähne sprechen für ein Alter von etwa 16 bis 18 Jahren. Zur Ausstattung gehörten bronzene Armringe und ein Hornkamm. Die große Gürtelscheibe ist mit Spiralen verziert. Ein Rindengefäß enthielt Reste eines bierartigen Getränks. Besonders die erhaltenen Textilien erlauben Einblicke in die Kleidung der nordischen Bronzezeit.

Lösung 65: B – Sørensen leitete die chemische Abteilung des Carlsberg-Laboratoriums von 1901 bis 1938. Seine Untersuchungen zeigten, wie stark enzymatische Vorgänge von der Wasserstoffionenkonzentration abhängen. Die ursprüngliche Definition verwendete deren negativen Zehnerlogarithmus; ein Unterschied von einer Einheit entspricht dabei einem Faktor zehn. Sørensen nannte die Größe „Wasserstoffionenexponent". Seine grundlegende Arbeit erschien 1909 in deutscher, dänischer und französischer Fassung. Schon darin erwähnte er die Möglichkeit negativer Werte bei sehr hohen Wasserstoffionenkonzentrationen. Das Konzept half, Zusammenhänge bei biochemischen Reaktionen und beim Brauen übersichtlich darzustellen.

Lösung 66: C – Skuldelev 1 war ein großes Frachtschiff aus dem westnorwegischen Sognefjord. Sein rundlicher Rumpf bot sowohl hohe Ladekapazität als auch gute Eigenschaften für Fahrten auf dem Nordatlantik. Gebaut wurde er aus kräftigen Kiefernplanken. Spätere Reparaturen mit Eichenholz lassen sich dem Oslofjord und dem östlichen Dänemark zuordnen. Vorn und hinten besaß das Schiff Decks, dazwischen einen offenen Laderaum. Neben dem Nordatlantik kamen Nord- und Ostsee als Fahrtgebiete infrage. Die Rekonstruktion des Wikingerschiffsmuseums heißt Ottar und liegt im Museumshafen von Roskilde.

Lösung 67: C – Das rote Ø ist ein dänisches Kontrollzeichen für ökologische Produkte. Es wurde Ende 1989 dokumentiert und 1990 öffentlich bekannt gemacht. Der Buchstabe verweist auf „økologi". Der Zusatz „statskontrolleret" bedeutet „staatlich kontrolliert". Auch Erzeugnisse aus dem Ausland können das Zeichen tragen, wenn der betreffende Betrieb der dänischen Kontrolle unterliegt. Das Zeichen ist deshalb keine Herkunftsgarantie. Es kann neben dem grünen europäischen Biologo erscheinen. Für gastronomische Betriebe existiert außerdem ein eigenes dänisches Biozeichen mit den Stufen Bronze, Silber und Gold, das den Bioanteil ihrer Einkäufe kennzeichnet.

Lösung 68: B – Ella Flatau zählt zu den frühen Wegbereiterinnen der dänischen Waldkindergärten. Ihr Beispiel wird mit Søllerød und den 1950er-Jahren verbunden. Sie verbrachte mit ihren eigenen Kindern viel Zeit im Freien; Kinder aus der Nachbarschaft schlossen sich an. Die gemeinsamen Aufenthalte fanden unter anderem in einem nahe gelegenen Wald statt. Weitere Eltern unterstützten die Entwicklung einer festen Gruppe. Die dänische Bezeichnung „skovbørnehave" bedeutet Waldkindergarten. Die Natur wurde dabei zum regelmäßigen Aufenthalts- und Spielraum. Das Konzept verbreitete sich später über Dänemark hinaus in weiteren europäischen Ländern.

Lösung 69: B – Die Kalenderkerze heißt auf Dänisch „kalenderlys" und trägt gewöhnlich die Zahlen eins bis 24. Durch das tägliche Abbrennen zeigt sie die verbleibende Zeit bis Heiligabend an. Der Hersteller ASP-Holmblad brachte 1942 ein solches Produkt unter dem Namen „Jakobs lys" heraus. Der Name bezog sich auf die biblische Jakobsleiter. Später setzte sich die Bezeichnung Kalenderkerze durch. Die Unternehmensgeschichte reicht bis 1777 zurück. Anders als die vier Kerzen eines Adventskranzes zählt die Kalenderkerze einzelne Dezembertage und richtet sich nicht nach den Adventssonntagen.

Lösung 70: B – Die Metro eröffnete 2002. Ihre Züge sind 39 Meter lang und 2,65 Meter breit; sie erreichen höchstens 80 Kilometer pro Stunde. Das automatische Steuerungssystem übernimmt unter anderem Haltepositionen, Türbewegungen und Aufenthaltszeiten in den Stationen. In der Leitstelle erscheinen Positionen und Geschwindigkeiten der Züge auf einer Übersicht. Wesentliche technische Systeme sind doppelt vorhanden. Solange Fahrzeugtüren nicht geschlossen und verriegelt sind, kann ein Zug nicht abfahren. Über Notrufstellen können Fahrgäste die Leitstelle erreichen. Im Innenraum bieten freie Flächen Platz für Kinderwagen, Fahrräder und Rollstühle.

Lösung 71: C – Die Färöer bestehen überwiegend aus Basalt, der aus wiederholten Lavaergüssen entstand. Die vulkanische Aufbauphase lag vor ungefähr 50 bis 60 Millionen Jahren im frühen Paläogen. Zwischen den Lavaschichten finden sich auch Ablagerungen vulkanischer Asche. In längeren Ruhephasen konnte Vegetation wachsen; daraus entstanden stellenweise kohleführende Schichten, etwa auf Suðuroy. Spätere Gletscher formten Täler und zerlegten die ursprüngliche Hochfläche. Die unterschiedlichen Widerstände von Basalt und weicheren Zwischenlagen erklären viele markante Geländestufen. Aktiven Vulkanismus gibt es auf den Inseln heute nicht.

Lösung 72: C – Der Dom entstand im 12. und 13. Jahrhundert und verbindet romanische mit gotischen Formen. Seine Architektur überträgt neue Gestaltungsideen auf den Baustoff Backstein. Spitzbögen, Gewölbe und äußere Stützen kennzeichnen den Bau. Backstein wurde in Dänemark um die Mitte des 12. Jahrhunderts als Baumaterial eingeführt. Für das Hauptgebäude wurden ungefähr 2,5 Millionen Ziegel von Hand hergestellt. Spätere Anbauten ergänzten die Anlage über viele Jahrhunderte. Seit 1995 gehört der Dom zum UNESCO-Welterbe. Seine Lage auf einer Anhöhe macht ihn zu einer weithin sichtbaren Landmarke über dem Roskilde-Fjord.

Lösung 73: D – Der Eliminator war ein Netzversorgungsgerät für Radios. Seine Aufgabe bestand darin, die damals übliche Batterieversorgung zu ersetzen. Peter Bang und Svend Olufsen gründeten ihre Firma am 17. November 1925 in Struer. Ihre frühen Versuche fanden auf dem Dachboden des Gutshauses Quistrup statt, dem Wohnsitz der Familie Olufsen. Die beiden Gründer waren junge Ingenieure. Ihre Väter gehörten zu den ersten Geldgebern. Bis zum Börsengang 1977 blieben sämtliche Aktien in Familienbesitz. Der Eliminator war ein separates Hilfsgerät und sollte nicht mit einem vollständigen Radioempfänger verwechselt werden.

Lösung 74: D – Superkilen wurde 2012 gemeinsam von SUPERFLEX, BIG und Topotek1 gestaltet. Der Stadtraum gliedert sich in einen roten Platz, einen schwarzen Platz und einen grünen Park. Die beteiligten Bewohner schlugen Gegenstände aus ihren Herkunftsländern oder von Reisen vor. Insgesamt wurden mehr als hundert Objekte aus über fünfzig Ländern aufgenommen. Manche kamen als gekaufte Originale, andere als maßstäbliche Nachbildungen nach Kopenhagen. Dazu gehören Barhocker aus São Paulo, ein Brunnen aus Marokko und ein Fahrradständer aus Finnland. So bleiben alltägliche Gegenstände als vertraute Gebrauchsobjekte nutzbar und erzählen zugleich von anderen Orten.

Lösung 75: A – Poulsen nutzte die Magnetisierung eines metallischen Trägers zur Tonaufzeichnung. Sein dänischer Patentantrag datiert vom 1. Dezember 1898. Die spätere US-Patentschrift nennt ausdrücklich Stahldraht oder ein Metallband als mögliche Speichermedien. Ein Elektromagnet überträgt die wechselnden elektrischen Signale auf den Träger. Bei der Wiedergabe erzeugen dessen magnetische Veränderungen entsprechende Ströme im Abtaster. Poulsen beschrieb auch eine Verbindung mit dem Telefon, um Nachrichten bei Abwesenheit des Teilnehmers zu speichern. Eine Ausführung verwendete Draht, der schraubenförmig um einen Zylinder gewickelt war. Das US-Patent wurde 1900 erteilt.

Lösung 76: D – Inge Lehmann erschloss einen inneren Erdkern, in dem sich Druckwellen schneller ausbreiten als im äußeren Kern. Entscheidende Anregungen lieferten Aufzeichnungen eines neuseeländischen Erdbebens von 1929. Schwache P-Wellen waren in Bereichen angekommen, die das bisherige Erdmodell als Schattenzonen erklärte. Ihre Veröffentlichung von 1936 trug den knappen Titel „P'". Lehmann hatte Mathematik in Kopenhagen studiert und arbeitete am dänischen Geodätischen Institut. Später untersuchte sie auch den oberen Erdmantel. 1971 erhielt sie die William-Bowie-Medaille der American Geophysical Union. Die heute gesicherte Festigkeit des inneren Kerns wurde durch weitere Forschungen erhärtet.

Lösung 77: A – Das gleichnamige botanische Tafelwerk liefert die historischen Motive für Flora Danica. Auf der Unterseite eines Stücks steht der lateinische Name der dargestellten Pflanze. Dort finden sich außerdem die Initialen der beteiligten Maler und die drei Wellen der Manufakturmarke. Durchbrochene Ränder werden geschnitten, solange die Porzellanmasse noch weich ist. Plastische Blüten an Deckeln oder Griffen entstehen ebenfalls von Hand. Nach dem ersten Brand wird das Porzellan glasiert und erneut gebrannt. Für die farbige Bemalung sind weitere Brände nötig. Der charakteristische Goldrand wird in zwei Arbeitsschritten mit jeweils anschließendem Brand aufgetragen.

Lösung 78: A – Zimmer 606 bewahrt die ursprüngliche Gestaltungsidee des 1960 eröffneten SAS Royal Hotels. Jacobsen entwarf das Gebäude zugleich als Hotel und innerstädtisches Terminal für die Fluggesellschaft SAS. Im flachen Gebäudeteil konnten Reisende einchecken, bevor Busse sie zum Flughafen brachten. Für das Hotel entstanden unter anderem die Sessel „Ei" und „Schwan". Auch Gläser, Besteck, Leuchten und Türgriffe gehörten zum Entwurfsprogramm. Die geometrisch strenge Glasfassade stand weichen, organischen Möbeln gegenüber. Im Inneren setzte Jacobsen differenzierte Grün- und Blautöne ein; für Vorhänge und Tagesdecken verwendete er das von ihm gestaltete Muster „Semicircles".

Lösung 79: A – Edvard Eriksen schuf die Kleine Meerjungfrau im Auftrag Carl Jacobsens. Die Bronzeskulptur wurde am 23. August 1913 der Stadt Kopenhagen übergeben. Sie bezieht sich auf Hans Christian Andersens gleichnamiges Märchen von 1837. Den unmittelbaren Anstoß gab eine Ballettaufführung am Königlichen Theater, in der Ellen Price die Hauptrolle tanzte. Eriksens Ehefrau Eline stand für die Skulptur Modell. Der Standort liegt an der Uferpromenade Langelinie; die Figur sitzt auf einem Felsen am Wasser. Auf Dänisch heißt sie „Den lille Havfrue". Ihre zurückhaltende Größe unterscheidet sie von vielen anderen weithin bekannten Stadtdenkmälern.

Lösung 80: B – Grenen markiert das Zusammentreffen von Skagerrak und Kattegat. Die Landspitze liegt nordöstlich von Skagen und bildet das Ende der größeren Landzunge Skagens Odde. Sandtransport und Strömungen verändern ihre Gestalt fortlaufend. Der Name geht auf das dänische Wort „gren“ für Zweig zurück. Die sichtbare Sandspitze setzt sich unter Wasser als flaches Riff fort. Das Gebiet ist ein bedeutender Beobachtungsort für Zugvögel, die sich vor der weiteren Meerquerung sammeln. Auch Seehunde und Schweinswale kommen hier vor. Wegen der starken Strömungen eignet sich der unmittelbare Treffpunkt der Gewässer nicht zum Baden.

Lösung 81: C – Mads Pedersen gewann am 29. September 2019 das Straßenrennen der Männerelite. Damit wurde er der erste Däne mit diesem Titel. Das Ziel lag in Harrogate; die Fahrer hatten zuvor viele Stunden in Regen und Kälte verbracht. Pedersen war bei seinem Sieg 23 Jahre alt. Im Finale bezwang er Matteo Trentin, während Stefan Küng Bronze gewann. Mathieu van der Poel hatte zuvor ebenfalls zur Spitzengruppe gehört, verlor aber auf der letzten Runde den Anschluss. Bereits 2013 war Pedersen Zweiter der Juniorenweltmeisterschaft geworden. Eine Woche vor seinem großen Erfolg hatte er den Grand Prix d'Isbergues gewonnen.

Lösung 82: C – Poul Henningsen verband die Abschirmung der Lichtquelle mit einer gezielten Lichtverteilung durch Reflexion. Seine Zusammenarbeit mit Louis Poulsen begann mit Leuchten für die Pariser Ausstellung von 1925. Das Dreischirmsystem entwickelte er anschließend für die Kopenhagener Ausstellungshalle Forum weiter. Die Schirmkurven beruhen auf einer logarithmischen Spirale. Anfangs bestanden die Schirme aus Metall; später kamen Varianten aus Opalglas hinzu. Unterschiedliche Unterseiten konnten die Lichtwirkung verändern. Aus dem Prinzip entstanden Pendel-, Tisch-, Steh- und Wandleuchten. Die Zahlen vieler PH-Modellnamen beziehen sich auf die Größen beziehungsweise Kombinationen der verwendeten Schirme.

Lösung 83: C – Alexander Brun gab seinem Anwesen den Namen Louisiana, weil seine drei Ehefrauen Louise hießen. Die alte Villa wurde 1855 errichtet und später in das Museum einbezogen. Knud W. Jensen eröffnete das Kunstmuseum 1958. Die ersten Neubauten entwarfen Jørgen Bo und Vilhelm Wohlert; verglaste Verbindungsgänge verknüpften die Ausstellungsbereiche. Der Standort liegt in Humlebæk direkt am Øresund. Zum Museum gehört ein Skulpturenpark mit Arbeiten unter anderem von Henry Moore und Alexander Calder. Anfangs lag der Schwerpunkt auf dänischer Kunst, bevor Jensen das Programm stärker international ausrichtete. Die Verbindung von Gebäuden und Landschaft prägt den Besuch.

Lösung 84: D – Der Fingerplan stellt die dichte Kopenhagener Kernstadt als Handfläche dar, von der fünf Siedlungsachsen ausgehen. Diese „Finger“ orientieren sich an den S-Bahn-Strecken. Die Zwischenräume dienen als grüne Keile für Erholung und Landwirtschaft. So bleiben auch bei wachsender Bebauung größere Freiräume erreichbar. Die ursprüngliche Ausarbeitung entstand 1947 unter Leitung des Architekten Peter Bredsdorff. Sie behandelte die Entwicklung des gesamten Großraums und nicht nur einzelner Stadtviertel. Das Bild einer gespreizten Hand machte die räumliche Idee leicht verständlich. Siedlungsbau und Verkehr wurden damit gemeinsam betrachtet, statt die Verkehrswege erst nachträglich an neue Wohngebiete anzupassen.

Lösung 85: B – Georg Jensens frühe Arbeiten verbinden die Naturmotive des Jugendstils mit einer ausgeprägten plastischen Formensprache. Hammerspuren konnten auf der Oberfläche sichtbar bleiben und dem Silber einen lebendigen Ausdruck geben. Jensen eröffnete 1904 seine eigene Werkstatt in Kopenhagen. Er hatte sowohl das Goldschmiedehandwerk als auch die Bildhauerei erlernt. Blätter, Ranken, Blüten und Früchte erscheinen in seinen Entwürfen als wiederkehrende Motive. Neben Schmuck gestaltete er auch Kannen, Schalen und Besteck. Bei Steinen bevorzugten viele seiner Schmuckentwürfe weich gerundete Cabochons gegenüber funkelnden Facettenschliffen. Damit wirkten Schmuck und Gefäß als zusammenhängende Formen, deren Material und Modellierung im Vordergrund stehen.

Lösung 86: B – Ribes Anfänge als Handelsplatz reichen ungefähr bis 710 zurück. Die frühe Siedlung lag an einem Fluss mit Zugang zum Wattenmeer und zur Nordsee. Archäologen fanden aufgeteilte Grundstücke, Werkstattspuren und zahlreiche Glasperlen. Die erhaltenen Bodenschichten dokumentieren nacheinander unterschiedliche Tätigkeiten und Warenkontakte. Im Forschungsprojekt Northern Emporium wurden mehr als 3.000 Glasperlen geborgen. Waren aus Norwegen gelangten bereits um die Mitte des 8. Jahrhunderts nach Ribe. Später kamen große Mengen von Perlen aus dem Nahen Osten hinzu. Ein Signal erhöhter kosmischer Strahlung des Jahres 775 half dabei, die Abfolge der archäologischen Schichten genauer zu datieren.

Lösung 87: C – Hansen gewann aus einer einzelnen geeigneten Hefezelle eine Reinkultur und vermehrte sie für die Bierproduktion. Zuvor wurden häufig gemischte Hefekulturen aus früheren Suden weiterverwendet. Er zeigte, dass neben Bakterien auch unerwünschte Hefen die sogenannte Bierkrankheit verursachen konnten. Hansen leitete die physiologische Abteilung des Carlsberg-Laboratoriums. Die neue Kultur erhielt den Namen „Saccharomyces carlsbergensis". Im November 1883 wurde sie erstmals im Produktionsmaßstab eingesetzt. Carlsberg gab die Hefe anschließend kostenlos an andere Brauereien weiter. Die Methode ersetzte die notwendige Kontrolle von Sauberkeit und Temperatur nicht, machte den Verlauf der Gärung aber wesentlich besser vorhersehbar.

Lösung 88: D – Der breite hohle Mittelpfeiler ist das auffälligste Element des Innenraums von Østerlars. Der darin gelegene kleine Raum wird „Ovnen", also „der Ofen", genannt. Die Kirche ist die größte der vier Rundkirchen Bornholms und entstand vermutlich um 1160. Ihr Rundbau besitzt drei Geschosse. Östlich schließen sich ein ovaler Chor und eine Apsis an. Am Mittelpfeiler befinden sich mittelalterliche Wandmalereien, die unter späteren Kalkschichten verborgen waren und 1882 wiederentdeckt wurden. Der Glockenturm steht separat auf dem Kirchhof. Der Name verweist auf den heiligen Laurentius; „Lars" ist die entsprechende dänische Namensform.

Lösung 89: C – Die Kreide von Møns Klint entstand aus kalkhaltigen Resten mikroskopisch kleiner Meeresalgen. Das zugehörige Meer bedeckte die Region vor etwa 70 Millionen Jahren. Viel später schoben Gletscher große Kreideschollen übereinander und formten die heutige Steilküste. Am Strand lassen sich unter anderem Seeigel, Austern und Belemniten als Fossilien finden. Die länglichen Belemnitenreste waren innere Stützelemente ausgestorbener Tintenfischverwandter. Auch versteinerte Schwämme und Spuren früherer Grabgänge kommen vor. Besonders selten sind Zähne von Mosasauriern. Diese großen Meeresreptilien gehörten nicht zu den Dinosauriern. Das GeoCenter vermittelt die Entstehung der Küste und die Bestimmung solcher Funde.

Lösung 90: D – Die fünfte Thule-Expedition sammelte umfangreiche ethnografische, archäologische und biologische Daten. Rasmussen war 1879 im grönländischen Ilulissat geboren worden und mit der grönländischen Sprache aufgewachsen. Seine Sprachkenntnisse erleichterten Gespräche mit den besuchten Gemeinschaften. Die Expedition begann ihre Arbeit im östlichen arktischen Kanada. Auf der anschließenden langen Hundeschlittenreise bis Alaska begleiteten ihn Arnarulunnguaq und Qaavigarsuaq Miteq. Aufgezeichnet wurden unter anderem mündlich überlieferte Geschichten und Vorstellungen vom Zusammenleben mit der Natur. Die wissenschaftlichen Ergebnisse erschienen in einer mehrbändigen Publikationsreihe. Rasmussens Reiseberichte machten diese Forschungen auch einem breiteren Lesepublikum zugänglich.

Lösung 91: A – Sønderhoning ist ein traditioneller Paartanz aus Sønderho im Süden Fanøs. Das Wort kann zugleich einen Bewohner dieses Ortes bezeichnen. Die Tanzform gehört zur Familie der Polsk-Tänze und verbindet Gehschritte mit einer besonderen Drehfigur. Eine auffällige Besonderheit liegt im Rhythmus: Die Tanzbewegung wird dreiteilig beschrieben, während die zugehörigen Melodien meist im Zweivierteltakt stehen. Zur Drehhaltung gehört, dass eine Hand der Partnerin hinter ihren Rücken geführt wird. Mehrere Paare bewegen sich gemeinsam entlang der Tanzrichtung. Die Tradition umfasst zahlreiche eigenständige Melodien und wird auch durch örtlichen Geigenunterricht weitergegeben.

Lösung 92: C – „Your rainbow panorama“ ist ein 150 Meter langer Rundgang mit regenbogenfarbiger Verglasung auf dem Dach des ARoS. Olafur Eliasson und sein Studio gewannen 2007 den Wettbewerb für diese Erweiterung. Die Installation wurde 2011 eröffnet. Sie bietet einen Rundumblick über Aarhus bis zum Horizont. Der Museumsbau darunter stammt von Schmidt Hammer Lassen. Durch die umlaufenden Farbzonen verändert sich die Ansicht der Stadt mit jeder Bewegung der Besucher. Nachts wird der Ring von innen beleuchtet und bleibt auch aus größerer Entfernung sichtbar. Eliasson beschreibt das Werk zudem als Orientierungshilfe, die bestimmte Stadtansichten mit bestimmten Farben verknüpft.

Lösung 93: B – Inger Christensen verband in „alphabet“ eine alphabetische Ordnung mit der Fibonacci-Folge. Der Zyklus erschien 1981 auf Dänisch unter dem Titel „alfabet“. Seine vierzehn Abschnitte führen von a bis n. Der erste Abschnitt besteht aus einer Zeile, der letzte aus 610. Die Eröffnung nennt Aprikosen; Naturbilder und wiederkehrende sprachliche Formeln ziehen sich durch den Text. Christensen wurde 1935 in Vejle geboren und war zunächst als Lehrerin tätig. Ihr erster Gedichtband „Lys“ erschien 1962. Auch in anderen Werken nutzte sie strenge Bauformen, etwa den Sonettenkranz in „Sommerfugledalen“ von 1991.

Lösung 94: D – Eckersberg verband aufmerksames Beobachten mit einem mathematisch durchdachten Bildaufbau. Während seines Romaufenthalts malte er auch im Freien und studierte Licht und Architektur. Sein Blick durch drei Bögen des Kolosseums entstand 1815 oder 1816. Die scheinbar einheitliche Aussicht setzt tatsächlich mehrere Ansichten zu einer harmonischen Komposition zusammen. Seit 1818 lehrte er an der Kopenhagener Kunstakademie. Zu seinen Schülern gehörten Christen Købke, Wilhelm Bendz und Martinus Rørbye. Neben Architekturansichten schuf Eckersberg Porträts und Seestücke. Seine Lehrtätigkeit wirkte auf jene Malergeneration, die besonders mit der dänischen Kunst der ersten Hälfte des 19. Jahrhunderts verbunden wird.

Lösung 95: A – „Sort sol“ bezeichnet die Flugformationen großer Starenschwärme und bedeutet „Schwarze Sonne“. Besonders bekannt ist das Schauspiel aus der Marsch bei Tønder und Ribe. Große Ansammlungen treten während des Vogelzuges auf, typischerweise im März sowie im September und Oktober. Die Stare nutzen Schilfbestände als gemeinschaftliche Schlafplätze. Manche Schwärme umfassen Hunderttausende Vögel. Ihre dichten, wechselnden Formationen können der Abwehr angreifender Greifvögel dienen: Viele Augen erkennen Gefahren, während die Vielzahl bewegter Ziele den Angreifern die Verfolgung erschwert. Zu diesen Angreifern gehören Sperber und Wanderfalken. Die Marsch bietet den rastenden Staren Nahrung, Wasser und große Grasflächen.

Lösung 96: A – Klitmøller entwickelte sich vom Fischerdorf zu einem bekannten Zentrum des Wind- und Wellenreitens. Es liegt an Jütlands Nordseeküste südwestlich von Hanstholm. „Cold Hawaii“ bezeichnet auch einen größeren Küstenabschnitt mit mehreren Surfplätzen bis in Richtung Agger. Neben Windsurfern nutzen Wellenreiter, Kitesurfer und Stand-up-Paddler die unterschiedlichen Bedingungen. International besetzte Wettbewerbe haben die Bekanntheit des Ortes verstärkt. Südlich und östlich schließt der Nationalpark Thy mit Dünen- und Heidelandschaften an. Die Bucht von Klitmøller und die benachbarten Küstenabschnitte bieten je nach Windrichtung verschiedene Möglichkeiten; die Lage am offenen Meer bestimmt dabei den Charakter des Reviers.

Lösung 97: D – Die Grundtvigskirche verbindet gelben Backstein mit einer kraftvoll gestaffelten, an eine Orgel erinnernden Westfassade. Peder Vilhelm Jensen-Klint entwarf den Bau. Die Arbeiten begannen 1921; nach seinem Tod führte sein Sohn Kaare Klint das Projekt bis zur Vollendung 1940 weiter. Als Vorbilder dienten unter anderem dänische Dorfkirchen mit Treppengiebeln. Im Inneren stehen hohe Pfeiler unter spitzbogigen Gewölben. Der Bau gehört zu einer ebenfalls in gelbem Backstein gestalteten Wohnumgebung. Namensgeber ist der Dichter und Theologe N. F. S. Grundtvig. Auch bei der Ausstattung wirkte die Familie Klint mit, darunter später der Enkel Esben bei einer Orgelfassade.

Lösung 98: D – Das Pant-Zeichen kennzeichnet die Teilnahme einer Einwegverpackung am dänischen Pfandsystem. Zum Symbol gehören zwei kreisförmig angeordnete Pfeile und eine Reihe von Punkten. Es kann direkt aufgedruckt oder als Aufkleber angebracht sein. Die Buchstaben A, B und C unterscheiden Pfandkategorien. Für die Einordnung sind Material und Fassungsvermögen der Verpackung maßgeblich. Die gesammelten Einweggebinde werden stofflich verwertet und können zu neuen Flaschen oder Dosen verarbeitet werden. Mehrwegflaschen bilden einen anderen Kreislauf: Sie werden gereinigt und erneut befüllt. Deshalb kann auch auf geeignete Mehrwegflaschen ohne dieses Einweg-Pant-Zeichen ein Pfand erhoben werden.

Lösung 99: D – Der geneigte Weg des 8tallet setzt die Idee einer Nachbarschaftsstraße über mehrere Geschosse fort. Das von BIG entworfene Gebäude wurde 2010 in Ørestad fertiggestellt. Sein Grundriss bildet eine Acht mit zwei Innenhöfen. Der Gebäudekomplex verbindet unterschiedliche Wohnformen mit Büro- und Geschäftsflächen. Reihenhausartige Wohnungen besitzen kleine Vorgärten am Weg. Die durchgehende Verbindung reicht bis zu den Penthäusern auf der zehnten Ebene. Unterschiedliche Gebäudehöhen lassen Licht und Luft in die Höfe; zwei geneigte Dachflächen sind begrünt. Im Westen öffnen sich Ausblicke auf Kalvebod Fælled, während Kanäle die angrenzende Stadtlandschaft mitprägen.

Lösung 100: A – Auf Læsø wird salzreiches Grundwasser in Eisenpfannen über Feuer eingedampft. Die Sole stammt aus Brunnen im flachen Gebiet Rønnerne. Winterliche Überflutungen bringen Meerwasser auf die Fläche, sommerliche Verdunstung erhöht anschließend die Salzkonzentration. Eine undurchlässige Tonschicht hemmt das Versickern. Das Wasser soll beim Sieden nicht sprudelnd kochen, weil dies die Salzqualität beeinträchtigt. Die gewonnenen Kristalle werden in Körbe geschöpft, dürfen abtropfen und werden getrocknet. Die historische Salzherstellung reicht bis ins Mittelalter zurück. Eine nach archäologischen Befunden rekonstruierte Siedehütte eröffnete 1991 und machte das Handwerk erneut anschaulich erlebbar.

Fragen, Lob oder Kritik? Gerne per Mail:

Bei einer Kontaktaufnahme werden die von Ihnen mitgeteilten personenbezogenen Daten – insbesondere Ihr Name, Ihre E-Mail-Adresse sowie der Inhalt Ihrer Nachricht – ausschließlich zum Zwecke der Bearbeitung Ihrer Anfrage sowie für den Fall daran anschließender Fragen elektronisch gespeichert und verarbeitet. Eine Weitergabe dieser Daten an Dritte erfolgt nicht. Alle Fragen, Antworten und Hintergrundinformationen in diesem Werk wurden mit Sorgfalt recherchiert und zusammengestellt. Trotz Prüfung können sachliche Fehler, Ungenauigkeiten oder zwischenzeitlich überholte Informationen nicht vollständig ausgeschlossen werden. Der Herausgeber übernimmt daher keine Haftung für die Richtigkeit, Vollständigkeit und Aktualität der bereitgestellten Inhalte. Etwaige Schadensersatzansprüche gegen den Herausgeber, die sich auf Schäden materieller oder ideeller Art beziehen, welche durch die Nutzung oder Nichtnutzung der dargebotenen Informationen verursacht wurden, sind grundsätzlich ausgeschlossen. Dieses Werk dient ausschließlich Unterhaltungs- und Bildungszwecken. Es erhebt keinen Anspruch auf wissenschaftliche oder fachliche Verbindlichkeit und ersetzt keine professionelle Beratung oder offizielle Quellen. Die Verwendung der Inhalte erfolgt auf eigene Verantwortung des Lesers. Grübelgold –Friedrich Schäfer - c/o Autorenglück #80064 - Albert-Einstein-Straße 47 - 02977 Hoyerswerda

Dieses Buch wurde in Übereinstimmung mit den GPSR-Richtlinien der EU zur Sicherheit von Produkten erstellt.

Die Verordnung über die allgemeine Produktsicherheit ist der aktualisierte Rahmen der Europäischen Union, um sicherzustellen, dass alle Verbraucherprodukte, einschließlich Bücher, für Verbraucher sicher sind.

Dieses Buch wurde von Libri Plureos GmbH gedruckt. Der Drucker hat Sicherheitszertifikate für die verwendeten Materialien wie Tinte, Papier und Kleber ausgestellt.

Die Produktkennung ist: 9783693190869

Der Autor ist für den Inhalt des Buches verantwortlich und hat das Buch von Bookmundo produzieren lassen.

Sollten Sie Fragen zur Sicherheit des Produkts haben, kontaktieren Sie uns bitte.

Bookmundo
Delftsestraat 33
3013AE Rotterdam
Die Niederlande
info@bookmundo.com